COLLECTION FONDÉE EN 1984
PAR ALAIN HORIC
ET GASTON MIRON

TYPO EST DIRIGÉE PAR
PIERRE GRAVELINE

AVEC LA COLLABORATION DE
JEAN-FRANÇOIS NADEAU
SIMONE SAUREN
ET JEAN-YVES SOUCY

D0942694

TYPO bénéficie du soutien de la Société de développement des entreprises culturelles du Québec (SODEC) pour son programme d'édition.

Nous reconnaissons l'aide financière du gouvernement du Canada par l'entremise du programme d'aide au développement de l'industrie de l'édition (PADIÉ) pour nos activités d'édition.

Nous remercions le Conseil des Arts du Canada de l'aide accordée à notre programme de publication.

JOS CONNAISSANT

VICTOR-LÉVY BEAULIEU

Jos Connaissant

Roman

TYPO

Éditions TYPO
Une division du groupe Ville-Marie Littérature
1010, rue de La Gauchetière Est, Montréal (Québec) H2L 2N5
Tél. : (514) 523-1182
Téléc. : (514) 282-7530
Courriel : vml@sogides.com

Photo de la couverture : Victor-Lévy Beaulieu par Gilles Gaudreau

Données de catalogage avant publication (Canada)
Beaulieu, Victor-Lévy, 1945-
Jos Connaissant
Éd. originale : Montréal : Éditions du Jour, [1970].
Publ. à l'origine dans la coll. : Les romanciers du Jour.
Comprend des réf. bibliogr.
ISBN 2-89295-173-9

I. Titre.

PS8553.E23J6	2001	C843'.54	C00-942117-3
PS9553.E23J6	2001		
PQ3919.2.B42J6	2001		

DISTRIBUTEURS EXCLUSIFS :

• Pour le Québec, le Canada
et les États-Unis :
LES MESSAGERIES ADP*
955, rue Amherst
Montréal (Québec)
H2L 3K4
Tél. : (514) 523-1182
Téléc. : (514) 939-0406
*Filiale de Sogides ltée

• Pour la Suisse :
TRANSAT S.A.
4 Ter, route des Jeunes
C.P. 1210
1211 Genève 26
Tél. : (41.22) 342.77.40
Téléc. : (41.22) 343.46.46

• Pour la France :
D.E.Q.
30, rue Gay-Lussac, 75005 Paris
Tél. : 01 43 54 49 02
Téléc. : 01 43 54 39 15
Courriel : liquebec@cybercable.fr

Pour en savoir davantage sur nos publications,
visitez notre site : **www.edtypo.com**
Autres sites à visiter : www.edhomme.com • www.edjour.com
www.edvlb.com • www.edhexagone.com • www.edutilis.com

Édition originale :
© Victor-Lévy Beaulieu, *Jos Connaissant*,
Montréal, Éditions du Jour, 1970.

Édition définitive :
© Victor-Lévy Beaulieu, *Œuvres complètes*, t. V,
Jos Connaissant, Trois-Pistoles, Éditions Trois-Pistoles, 1996.

Dépôt légal : 1er trimestre 2001
Bibliothèque nationale du Québec
Bibliothèque nationale du Canada

I

Et peut-être pour obliger, par cet acte, la réalité à se manifester.

WITOLD GOMBROWICZ, *Cosmos*

— Jos, raconte-nous ta vie.

Je me dis : « Mais sont-ils tous assez tannants avec cette monotone question qu'ils psalmodient dans la fumée noire du Ouique. » La paix, c'est donc pas possible ? Ils sont quatre ou cinq à m'entourer, je vois leurs grosses faces luisantes, ils me bavent presque sur les mains : pourquoi veulent-ils absolument que je leur dise des contes ? Pourquoi ne se donnent-ils pas patience tandis que je bois mon café, les mains tremblantes ? Mais c'est moi le coupable, je le sais. J'aurais pas dû leur dire qui je suis :

— Ce qu'il faudrait que nous fassions tous, mes amis, c'est de partir à la recherche de notre passé, notre vrai passé, le passé du plus loin que l'enfance, le passé réel des commencements et des capricieuses origines. Là seulement est la vérité. Et que ceux qui m'aiment me suivent.

— Jos, t'es un baptême de fou !

Marie sait qu'après une brosse, je bois café noir après café noir. Elle vient de m'en apporter une autre tasse. Une vieille tasse toute craquelée dont l'anse est à moitié pourrie, et qui a plein de cernes à l'intérieur. Ils ne sont même pas propres ces gros Juifs miteux dont les bédaines, sur le bord des comptoirs, ressemblent à des ventres de tambours usés et pleins des cochonneries avalées à la hâte à cause des clients exigeant leurs hot dogs dont les saucisses (« eh Jos, t'as vu les petits vers blancs qui courent sur la viande quand tu la mets sur la plaque rougie par le feu ? ») – dont les saucisses sont comme des morts embaumés de moutarde et de relish dans leur cercueil de pain pourri.

– Jos, parle-nous donc. On est tous venus pour t'entendre parler. On va te payer autant de cafés que tu voudras, mais parle, bon yieu, parle !

Cette pauvre musique grise qui pénètre mes oreilles, ce triste refrain des choses mourantes dans ma tête. Je dis :

– Marie, sais-tu ça, toi, qu'il y a des anges qui ont les ailes en argent et d'autres qui ont les ailes en or ? Les anges qui ont les ailes en or sont les plus utiles à l'homme parce que l'or, ça s'achète et ça se vend, comme l'immortalité. Comme l'immortalité. Oublie jamais ce que je te dis là, Marie !

Je voudrais retourner à la maison. Je voudrais voir Mam, lui dire tout ce que j'ai sur le cœur. Et pourtant non, je ne peux plus faire ça, on s'est jamais parlé Mam et moi. Je pense qu'elle s'imagine que je suis fou et que je vais finir, l'un de ces quatre matins, par être enfermé à Saint-Jean-de-Dieu, avec les mangeurs de terre et les horribles crosseurs obsédés par les odeurs de sperme fermentant dans les bouteilles en plastique qu'ils cachent sous leur lit minable dont les matelas sont pleins de taches jaunes. Pa dit souvent :

– Les malades mentaux, ça pisse presque tous dans leur lit. Ils se retiennent pas. On dirait qu'ils aiment ça avoir les deux fesses collées dans la pisse.

Et les ressorts leur sortent dans la face ou leur chatouillent le nombril tandis que dans l'ombre ils se laissent aller aux pitoyables jeux de langues mouillant des queues déformées, énormes et rouges comme des pines d'étalon.

J'ai trop bu, les bruits du Ouique résonnent dans ma tête, vont en s'amplifiant dans mes veines. Ça vibre jusqu'au bout des orteils maintenant. Marie dit :

— C'est le rigodon sacré de l'alcool, mon pauvre Jos. La danse de Saint-Guy de la Molson.

Mam, je voudrais m'en aller, je voudrais tellement m'en aller.

— Jos, tes mains tremblent, et puis tu pleures des yeux. Veux-tu bien me dire, ma foi du bon yieu, ce qui t'arrive ce soir ? Es-tu malade ?

Le gros Sam s'est lourdement assis en face de moi, avec trois gras hamburgers. De la sauce à la tomate et de la relish coulent sur ses lèvres. Sam se liche les doigts de son épaisse langue blanche. Je dis :

— J'ai rien, Sam. Absolument rien. Je me sens triste un brin, c'est tout. J'imagine que ça doit t'arriver comme à moi. Tout le monde est triste au moins un jour dans sa vie. Tout le monde a dans son passé des boîtes de tristesse qu'il a placées dans les tablettes du Supermarché des Souvenirs. Faut pas s'en faire, Sam. Je suis comme les autres, un peu plus écœuré peut-être. J'ai sans doute dans la gorge un nœud plus gros que la moyenne. Mais c'est pas plus grave que ça, ce sacré nœud. Faut s'y faire et penser à autre chose. Toi, t'es un Juif. C'est un maudit nœud que t'as dans la gorge, non ?

Je dessoûle tranquillement. Bientôt je pourrai parler comme tout le monde, je ferai attention à mes mots et je mettrai de la correction dans mes paroles. Quand j'étais petit, Mam disait :

– Jos, faut pas sacrer. Le petit Jésus aime pas ça puis il pleure quand tu prononces en vain son saint nom. Tu lui fais de la peine, tu le crucifies une deuxième fois, mon Jos. Regarde Pa. Il sacre jamais lui. Il est pas comme ton oncle Phil Deux qui peut pas dire deux mots sans les agrémenter de trois longs blasphèmes. Jos, promets-moi que tu sacreras plus. Ça me ferait peut-être mourir.

Elle avait des larmes dans les yeux, ma pauvre Mam, et sa jambe était allongée sur le petit banc. Je voyais la plaie purulente et les onguents qui faisaient une croûte jaunâtre près de la cheville.

– Est-ce qu'on meurt d'un mal de patte, Pa ? Est-ce qu'ils peuvent me coucher sur une table et me couper la jambe, Pa ?

C'était ça qu'elle avait demandé avant de monter dans l'ambulance qui la conduirait à l'hôpital, quelque part dans ce Grand Morial mystérieux, à trois cents milles des Trois-Pistoles. Puis Mam était revenue, marchant avec des béquilles, désespérée parce qu'elle n'avait plus qu'une seule jambe valide. Moi je pleurais, je me roulais dans mon lit, inondé de sueurs, et si triste.

– Mam est-ce qu'on peut mourir à force d'être triste ?

Le gros Sam dit :

– Si je comprends bien, tu viens d'en revirer toute une, hein ?

J'écoute pas le gros Sam, j'ai envie de lui crier qu'il est un christ de Juif, c'est-à-dire quelqu'un de plus minable que moi, un Gentil qui brûlera jusqu'au dernier os dans le feu de la Géante, comme disait mon pauvre ami que j'ai enterré ce matin, ce vieux

Malcomm avec qui je me suis soûlé tant de fois, avec qui, dans nos bras dessus dessous, j'ai chanté en titubant dans tout le territoire du Grand Morial. Mam, je suis un ivrogne. Mam, votre fils bien-aimé est un soûlon de la pire espèce. Et ce matin, il a vu Malcomm descendre dans le trou noir des lentes décompositions.

— Oui, c'est en plein ça : des lentes décompositions, me dit Sam en se curant les ongles. Toute la vie, c'est rien que la pensée horrifiée de la pourriture qui nous attend tous. Pas grand-chose qui tienne devant ça : tout le monde est pris et damné à mort, les Juifs comme les autres. Pourquoi penses-tu que j'ai acheté ce maudit restaurant ? Pourquoi penses-tu que j'ai laissé la rue Prince-Arthur où j'en avais plein mon casque de voir les pharisiens se promener avec leur Bible sur la tête mais les doigts dans le cul ? Les pharisiens sont comme les autres, ils pensent rien qu'à ça, à la peau. C'est ce qui fait durer le monde, la peau. L'un de ces soirs, faudra qu'on se soûle la gueule ensemble.

Le gros Sam avale une dernière bouchée de son hamburger et se liche de nouveau les doigts. Ces ongles noirs, cet eczéma sur les jointures crasseuses que tantôt, caché derrière ses chaudrons, il se grattera jusqu'au sang, indifférent au fait que les minuscules croûtes blanches tomberont dans l'huile bouillante.

— Un autre café, Jos ?

— OK.

Je regarde Marie qui est la wétrice bien-aimée du Ouique. Je regarde Marie dont la belle main est posée sur l'épaule du gros Sam. Elle me zieute à la dérobée et fait parfois sortir de sa bouche une bulle de chewing-gum qui lui éclate dans la face. Je pense que je la déteste. Je pense que je déteste Marie à cause de ses trente-neuf ans. Mais quelles hanches de provocation roule-t-elle en retournant à son comptoir-lunch! Mam, il va falloir que je la possède, Marie, que je lui en mette plein le vagin, que je la viole et que, comme Malcomm, j'achève de me perdre dans cet illusoire déchaînement de moi-même qui lui brisera les os. Ce vieux mythe de l'amour. Est-ce que ça vaut la peine de vivre cent ans pour courir après les femmes et sucer des vulves et faire des petits morveux qui deviendront de grosses têtes carrées et... Marie dit:

— Jos, viens-tu me reconduire chez moi, ce soir?

Marie s'est assise en face de moi après m'avoir élégamment montré son cul. La journée de la wétrice bien-aimée du Ouique est finie. C'est pas pour rien que Marie compte ses pourboires, des rouleaux de cinq cents, d'autres de vingt-cinq, mais la plupart sont des pièces de dix cents. Tant de cafés, Seigneur! Tant de cafés! Marie a un petit calepin dans lequel, en gros chiffres carrés, elle inscrit ses gains de la journée. Elle dit:

— Faut ben si je veux m'acheter une décapotable, une belle voiture sport, avec des pneus blancs, des roues de broche, le FM et l'électricité partout, jusque dans l'antenne, les vitres et la valise.

Ça me rappelle encore Malcomm. Lorsqu'il était ivre, Malcomm donnait des coups de pied dans les belles voitures parquées le long des trottoirs où nous marchions en nous tenant les mains, et il disait:

— Le monde est fol, sans avenir, enfoncé jusqu'aux oreilles dans la tôle américaine.

Ce bruit des pièces de monnaie que Marie laisse tomber dans la sacoche. Elle dit :

– Est-ce que tu vas venir, Jos ?

Marie n'a pas encore découvert mon secret, elle ignore que je couche dans une chaise pliante, au beau milieu de l'appartement, seul, une carabine sur mes genoux. Elle ignore que je passe toute la nuit éveillé parce qu'il faut qu'il y ait quelqu'un dans le monde qui songe à l'Apocalypse. Je dis :

– Ce soir, je peux pas. Il faut que j'aille à la maison.

Elle fait la mouc. Marie n'aime pas qu'on dise non à ses avances.

Je bâille et je cogne des clous avec, dans la bouche, une désagréable odeur de vomissure. Il n'y a plus tellement de monde maintenant dans le Ouique. Que le gros Sam toussotant derrière le comptoir. Que Marie qui m'aime bien et qui voudrait me voir finir dans son lit. Je dis :

– Pourquoi que tu t'intéresses à moi ? Je suis presque personne, à peine livreur dans une minable binerie alors que...

Elle répond rien, elle ne sait pas si je suis sérieux quand je lui parle comme ça ou si je veux rire d'elle. Marie est complexée parce que longtemps elle a dansé au Café du Nord, montrant ses fesses, et ses tétons, et son joli petit nombril, et la cicatrice sur son gros ventre maternel. Puis, brusquement, elle a tout laissé tomber pour venir travailler au Ouique. Marie m'a dit :

– Quand tu vieillis, tu vieillis. De toute façon, c'est pas important. J'ai jamais aimé danser, c'est trop déprimant. Il y a tellement de pauvres gars qui pensent que si tu leur montres tes fesses sur une scène, ils peuvent bien, eux, coucher avec toi et te demander de les sucer. Pouah ! Ces grosses choses d'Italie poilues qui ont encore des restes de pizza dans les moustaches ! Jos, quand ce que tu fais t'écœures au point de te donner des ulcères, j'ai pour mon dire qu'il est temps que tu changes de métier. Même là, je me demande si c'est possible s'en sortir, et devenir quelqu'un d'autre. Sais-tu, moi j'aimerais ça vivre dans Westmount. Là, je te dis que j'en écœurerais un maudit paquet.

C'est pour ça que j'aime pas les femmes. Lorsque je suis soûl, ça va encore, je les laisse dire, je suis la tolérance même, mais après ! (Est-ce que tous les gens, partout dans le vaste monde, sont aussi insignifiants et personne ne se préoccupe-t-il donc pas davantage de son salut ?)

Je paie. Faut que je parte. Bientôt le Ouique va se remplir de grands escogriffes qui vont me tomber dessus et m'empêcher de passer à la maison pour voir Mam. J'embrasse Marie sur la joue. Cette peau humide et poudrée qui laisse des grumeaux sur ma langue. Ce fard à la saveur de framboise synthétique. Je lui dis :

– Marie, vous êtes bénie entre toutes les femmes et Jos vous adore.

Pauvre vie banale. Vieilles formules usées dont je refuse de sortir par crainte de ne trouver que le vide en moi et hors de moi et je ne veux pas mourir, je m'accroche à la vie parce qu'elle me désespère trop pour que je n'essaie pas d'en faire quelque chose. Faut être patient envers soi-même, arriver même à se servir de son insipidité pour vaincre la folie de la vie errante.

Le long des trottoirs, c'est plein de poubelles puantes au-dessus desquelles les mouches noires bourdonnent. Des hommes s'affairent. Ce sont les vidangeurs sales qui secouent les barils au fond desquels les détritus restent collés. Des blasphèmes. Et le bruit du broyeur automatique. Je marche dans la rue Monselet, passe devant le Morial Mort Supermarket, la belle binerie où je travaille. Quelqu'un dit: «Salut, Jos.» Il pleut maintenant à boire debout. Des éclairs zigzaguent au-dessus des édifices. Je vais être trempé jusqu'aux os lorsque je vais arriver à la maison.

Quand Mam est toute seule, elle ferme la porte à clé parce qu'elle craint maladivement les bandits. Elle dit: «Ce sont des faiseux d'otages.» Pauvre Mam. Elle ne se demande même pas si ç'a du sens (car quelle rançon payer?).

J'ai monté les marches qui conduisent chez Mam. Fortes senteurs de pizza dans le corridor. Deux gros Italiens m'ont regardé ouvrir la porte, le nez collé à la vitrine barbouillée de mots trilingues et verts. Mam disait: «Ç'a pas de goût, ces gens-là. Ils arrêtent pas de parler, et même quand ils s'engueulent ils rient comme des fous, sarpent. C'est pas du monde comme nous autres, c'est sûr. Ils passent leur temps à lancer des couteaux dans la porte de la pizzeria. Un jour, ils vont tuer quelqu'un, hein?»

Il n'y a pas de lumière dans le passage, même pas la petite lampe de chevet que pour toute la durée de la nuit on laissait jadis ouverte à cause des enfants incapables de se diriger dans l'obscurité et se butant sur les meubles ou sur le seuil de la porte de la salle de bains. Avec mon pied, je fais revoler une bottine qui va choir contre le mur. Mam demande:

– C'est qui ça qui vient d'entrer ? C'est toi, Jos ?

– Oui, oui : c'est moi. Il pleut dehors, c'est pas croyable.

– Je suis dans la cuisine, Jos.

J'entends un bruit de chaise, un craquement d'os. Mam est malade. Sa jambe qu'elle tient allongée sur un pouf, sa pauvre jambe tordue – un grand trou à la hauteur de la cheville. Une curieuse maladie mange la chair de la jambe de Mam. Ce pus qui coule et ces odeurs d'onguents miraculeux. « Je vas mourir comme tout le monde, Jos. Que ce soit à cause d'une jambe ou d'un poumon, ça revient au même. Je serai plus là un jour. Tout le monde sera plus là un jour. »

Mam vient vers moi, elle boite et se tient aux chaises pour ne pas tomber. Elle serre les dents parce qu'elle souffre et qu'elle ne voudrait pas le laisser paraître. Pourquoi votre fierté, Mam ? Laissez-vous donc mener par votre mal et souffrez comme nous tous, pleurez comme moi je pleure à la face du monde. Mais c'est peut-être de l'orgueil ça aussi.

L'alcool a défait son nœud dans ma gorge. Seul mon estomac me crie encore que je me vautre dans ma vomissure. Seul mon ventre hurle la fin de mes jours dans le brûlement des organes. Je dis :

– Vous êtes toute seule, Mam ? Où c'est qu'ils sont tous, les autres ?

– Pa est allé à une assemblée du syndicat. Paraît qu'ils vont se mettre en grève à compter de dimanche. Et les enfants sont aux loisirs. Viens t'assire.

Elle marche devant moi, le dos courbé. Je lui prends le bras :

– Ça va pas mieux, hein ? Qu'est-ce que vous attendez ? Faudrait aller voir un docteur.

– Si je dois mourir, je mourrai bien de toute façon, docteur ou pas.

Mam s'assoit dans son fauteuil. De ses deux mains, elle soulève sa jambe malade (enflée, si enflée sa pauvre jambe cicatrisée!) et la dépose délicatement sur le coussin puis, en esquissant un sourire qui se fige sur ses lèvres, elle reprend son tricot qui était à côté d'elle. Elle va se remettre à travailler dans la ténèbre. Je dis:

– Allumez donc la lampe quand vous tricotez. Vous voulez donc aussi devenir aveugle?

Elle ne répond pas, hausse les épaules. Elle dit:

– Comment ça va, Jos? Je veux dire: ces temps-ci?

Mam sait que depuis longtemps il y a plus rien qui marche dans ma vie, que je suis rendu au bout de mon rouleau, c'est-à-dire nulle part. Mam sait bien qu'il n'y a plus d'espoir et que je suis tout seul. Elle me regarde par-dessus ses lunettes. Elle dit:

– Ton travail, ça va?

– Tous des écœurants pareils.

Elle me regarde toujours. Peut-être qu'il y a des larmes dans ses yeux.

– Pauvre Jos.

Je viens chez Mam tous les soirs, j'y reste quinze minutes peut-être, le temps de boire un café, de dire deux ou trois phrases qui la rendent toujours malheureuse, et je m'en vais (les yeux de Pa brillent alors de colère). J'habite un petit appartement humide et nu, sauf pour mes livres et ma chaise pliante qui trône majestueusement au beau milieu de la pièce. Je mange rien que des sandwiches, et des fruits, et du fromage, et des œufs pochés et, jusqu'à ce soir alors que j'ai pris la décision d'être tempérant, je buvais, je buvais autant de bouteilles de bière que je pouvais, pour me soûler. Parce que quand je suis ivre mort, j'ai plus besoin de lire, j'en sais autant que n'importe qui sur la mort et les douleurs de la mort. Mam dit :

— Tu devrais te marier, Jos. C'est pas bon de toujours vivre seul. Je voudrais pas qu'il t'arrive ce qui est arrivé à Malcomm, ni à l'autre, ce pauvre fou de Belhumeur. Tu fréquentes de bien mauvais compagnons. Tu as trente ans maintenant. Il faut que tu penses à ton devenir.

— Mam, pourquoi que vous me reprenez pas à la maison ?

Elle ne me répond pas tout de suite, occupée qu'elle est à écouter la télévision, son seul désennui. Pauvre Mam ! Elle dit :

— Jos, qu'est-ce que tu m'as demandé ?

— Pourquoi que vous me reprenez pas à la maison ?

Ses yeux sont comme des vrilles bleues dans sa face. Elle dit :

— Demande ça à Pa, c'est lui qui t'a mis à la porte, pas moi. Tu pourrais bien rester, j'ai rien contre. Mais Pa, je pense que Pa t'aime pas beaucoup.

Les ventripotents oiseaux noirs, les rapaces à Hitchcock ont envahi la télévision et battent follement des ailes au-dessus des nuages. Puis ils poussent des hurlements épouvantables, s'abattent sur les roches éclaboussées par les vagues et dévorent les carcasses des monstres marins. Mam s'arrête de tricoter, les broches s'immobilisent : elle regarde les oiseaux dans la télévision. Pendant ce temps, moi son fils Jos je ne compte plus. Je dis :

– Dites-moi, Mam : pourquoi c'est faire que Pa m'aime pas ?

Il y a un cadavre maintenant, à moitié déchiqueté par les coups de becs et les griffes. Il y a un cadavre maintenant, qui se couvre de sang. Un œil pend, sorti de son orbite, contre la joue rongée par les rapaces à Hitchcock. Mam dit :

– Je sais pas, Jos. Pa t'aime pas, c'est tout.

Elle ne regarde plus la télévision et s'est remise à tricoter.

– C'est un chandail pour Ernest.

Je me lève, traverse la salle de jeux, ouvre une porte de l'armoire. Cette ridicule idée de toujours changer les tasses de place. On ne s'y retrouve jamais d'une fois à l'autre. Il faut ouvrir toutes les portes avant de trouver le café instantané, le pain enrichi de vitamines, la margarine, le beurre d'arachides à la levure de bière. Je dis :

– On se paye du luxe, hein Mam ?

Petite vie de ces pauvres Beauchemin obligés de compter les maigres dollars. Et c'est la face de Pa que je vois tout à coup. Il y a combien d'années de ça maintenant ? Il s'était assis à l'autre bout de la table et je me souviendrai toujours de sa face misérable qu'inondaient les larmes. Il disait : « Je peux pas, Abel. Je peux pas te payer l'université. Pas d'argent, tu le sais bien. Essaie d'avoir une bourse du prêt d'honneur. »

Il n'y a plus d'oiseaux ni de chairs pourries dans la télévision. Un commentateur parle d'élections. La tête de Mam dodeline lentement, au rythme des broches tricoteuses. Ces vieux doigts tordus par l'arthrite. Ces jointures épaisses et dures. Je dis :

— Mam, que devient Abel ?

— Je sais pas, Jos.

— Il vient plus, hein ?

Le bruit du dentier mal à l'aise dans la bouche de Mam. Elle dit :

— Ça fait trois mois maintenant que personne a vu Abel. Il nous a oubliés, je pense bien.

— Il est encore plus malheureux que nous tous ensemble.

Je la regarde. Elle me paraît toute petite dans le grand fauteuil. Elle dit :

— Il est trop sensible, Abel. Et trop entêté. Il va apprendre que c'est dur de vivre comme on veut. On est tous trop petits pour faire selon nos désirs. Il faut qu'on nous pousse dans le dos. Sans ça, on ferait plus rien, on deviendrait mou. Moi, je me vois souvent assise dans ma chaise tout le temps qu'il me restera à vivre, en train de tricoter et de penser à tous vous autres, mes pauvres petits enfants. C'est pas gai le monde quand tu le vois tout le temps de la maison. Avant, c'était pas comme ça, c'était moins triste. C'est peut-être parce qu'on vieillit. On se fatigue de vivre pour rien.

Je dis, en me penchant vers elle :

— Mam, vous aussi vous êtes malheureuse ?

Il y a des larmes dans ses beaux yeux bleus qui sont si cernés maintenant. Il y a aussi des petits hommes jaunes dans la télévision, qui meurent dans des rizières, les pieds dévorés par les obus. Tant de sang se coagulant sur les plaies ! Et ces mouches noires posant leurs pattes sur les morceaux de chair. Des moitiés de visages, des moitiés de fesses, des moitiés d'hommes. Mam, que sommes-nous dans le monde ?

Quel sens donnez-vous à ces pleurs, à cette tristesse de vivre, à l'existence diminuée qui a toujours été la vôtre et que vous nous laisserez en héritage ? Pour quel avenir se battre, Mam ? Pour quelle vérité ? Peut-être qu'il reste juste le soupirail du mysticisme ? Que le retour aux techniques archaïques de l'extase ? Que la prière ? Et ces bombes qui pleuvent sans relâche sur des têtes chauves et galeuses.

Odieux, les viols sanglants des ventres ouverts sur des boyaux tordus et pestilentiels.

Je voudrais parler à Mam, ça fait trente ans que j'aimerais lui avouer tout ce qui en moi m'empêche de me livrer à la fureur du monde. Mais on peut pas se parler, Mam et moi, parce qu'on se ressemble trop : si nous nous disions tout ce qui court dans nos têtes, nous pourrions tomber raide morts sur nos chaises.

Les larmes de Mam se sont séchées sur ses joues. Je dis :

— Faut que je parte, Mam. Il est tard.

Je me lève. Elle dépose son tricot sur le pouf, s'agrippe au bras du fauteuil, ramène sa jambe et grimace. Je dis :

— Ça me fait donc de la peine de vous voir comme ça. Ça me fait donc de la peine, Mam.

Elle réussit à se redresser et me sourit mollement :

— Jos, j'espère que tu vas prier pour moi quand je vas être morte.

Sa voix s'est étranglée dans sa gorge. Chat mort dans le fin fond de sa bouche. Vieux dos voûté. Devenir bossu et tout ratatiné. Mourir avant sa mort, dans la souffrance quotidienne. Mam dit :

– Ferme donc la télévision, Jos.

Elle m'a donné le bras. Je vois ses cheveux blancs et clairsemés, son cou large qui luit dans la mauvaise graisse, la chair si flasque de ses bras, les poils qui ont commencé de lui pousser dans la face. Pourquoi est-il nécessaire de devenir ainsi ? Pourquoi doit-on extirper de soi la beauté pour n'y laisser à la place que des cicatrices de vie, des verrues, des maladies tenaces ? Je dis :

– Mam, est-ce que vous m'aimez, vous ?

Elle ne répond pas. Nous venons de voir Pa à l'autre bout du corridor. Je dis :

– Salut, Pa.

– Salut, Jos. Ça va comme tu veux ?

– Faut bien.

Je m'écarte pour le laisser passer. Il embrasse Mam sur les joues. Je dis :

– Toujours du pareil au même, ça change pas.

– L'important, c'est que tu gagnes ta vie.

Pa enlève son imperméable et son chapeau. Il s'essuie la face avec un grand mouchoir à carreaux et met ses lunettes. Nez long et busqué. Pomme d'Adam énorme. Visage plein de trous, séquelles de la petite vérole qui jadis a failli le faire devenir aveugle. Beaux yeux verts pourtant, brillants et doux malgré les colères irraisonnées qui lui viennent brusquement et le laissent amer, honteux. Puis les longues réclusions dans la chambre, les prières dites à genoux devant la statue de la Vierge dont la peinture écaillée découvre une peau grise et terne. « Mam, pourquoi que vous me reprenez pas à la maison ? » Pa se laisse tomber lourdement sur une chaise. Il dit :

– Tu t'en vas déjà, Jos ?

– Faut bien. Demain, c'est jeudi, c'est une grosse journée.

Je les laisse dans la cuisine où ils se tiennent l'un près de l'autre, le bras de Mam passé sous celui de Pa. Mam dit :

– Ferme la porte comme il faut en sortant.

Ils sont si vieux maintenant. J'en ai pour une quinzaine de minutes à marcher avant d'arriver à mon appartement. Mais je ne suis pas pressé de m'en aller veiller dans le noir, assis dans la chaise pliante, ma carabine sur les genoux. Qu'arriverait-il si personne n'expiait les péchés du monde ? Où s'arrêterait la colère de Dieu ? Bientôt le monde sera à mes pieds, je veux dire le monde malheureux, je veux dire le monde de la vie agonique, je veux dire tout le monde de ma vie que j'essaierai encore une fois de rendre pacifique et bon.

Marcher au rythme de mes pas. La nuit est noire et sale. La nuit est un buvard crasseux se décomposant sous le couvercle de la bouche d'égout. Elle vibre quand les voitures passent dessus à cinquante milles à l'heure. Banalités du monde d'octobre. Grisaille quotidienne. Petite vie, dit Mam. Croyez-vous que les corbeaux se jucheront encore longtemps sur les fils électriques qui sifflent dans l'orage, au-dessus de nos têtes ? Il faut pourtant savoir aller au-delà de la nuit, il faut savoir vaincre l'obscurité et dominer sa ténèbre intérieure. Saint Paul prétendait que tous les événements avaient déjà eu lieu. Il haranguait les Grecs sur la place publique d'Athènes, il disait aux Grecs immobiles dans l'attente des éphémérides :

– Retournez chez vous. Ne vous laissez pas induire en tentation. Toutes les nouvelles vous sont parvenues depuis déjà longtemps, depuis Christ.

Mais c'est si dur de recommencer sa vie quand on travaille au Morial Mort Supermarket. Ces longs escaliers branlants à monter, ce sac de patates sur l'épaule voûtée, ces vieilles femmes avec les bigoudis sur la tête et les pantoufles sales dans les pieds et la vieille jaquette usée jetée sur le dos, qui laisse voir les gros seins maternels et tombés. Livraisons à domicile. Pourboires parcimonieux.

— Bonsoir, monsieur Jos.

— Bonsoir, madame Dubuc. Ça va?

— C'est le petit dernier qui fait sa fièvre de cheval. Mais le docteur est venu : il croit qu'il n'y a plus de danger maintenant. Le plus dur est passé.

— Tant mieux, madame Dubuc. Tant mieux.

Et je descends l'escalier qui conduit à mon appartement. Six marches me séparent du monde. Ici je suis seul et mort. Entouré de mes livres qui sont, avec ma chaise pliante et mon Bouddha de plâtre, mes seules possessions. Je peux me livrer à la méditation, m'ouvrir comme une fleur de Dharma à la profondeur de mes rêves. Je peux me laisser flotter dans l'eau de l'intérieur de moi-même. Le mysticisme, est-ce que ça s'apprend? Malcomm croyait que non, mais Malcomm était fou et défait par l'alcool. Malcomm voyait des fantômes partout. Il disait :

— Je suis un mort vivant aux pensées détraquées et honteuses.

Malcomm était fait pour mourir, il n'y avait pas d'autre issue pour lui. Tout son être l'y conduisait par la main. Est-il bon qu'un homme vive seul et qu'il ne s'abreuve que de bières? Échapper au cercle de l'abrutissement, vivre dans le dénuement et dans la seule présence de soi, chercher les clés de la grâce sans se laisser abattre par l'épouvante. « Mam, croyez-vous à ça, vous, aux mondes parallèles ? » Et puis encore, s'illuminer avec fureur, s'imaginer qu'il est bon de veiller ainsi, au beau milieu du salon, enroulé dans une couverture mitée et recroquevillé au fond d'une chaise pliante, les paupières lourdes mais qui refusent de se fermer, les yeux fixés sur la fenêtre derrière laquelle la pluie tombe et creuse une rigole. Veiller dans l'obscurité, les oreilles aux aguets malgré mon calme, entendre les craquements dans les murs, les bruits de mes pas et le chant des voix étouffées quelque part dans la maison, écouter les battements de mon cœur, des pieds à la tête, le flux et le reflux de mon sang dans les veines, et me laisser faire, consentir à être la proie de toutes les fausses bêtes de la nuit, consentir à être effrayé, à trembler dans le noir habité par des formes éthérées et maléfiques qui violent mon intégrité et envahissent mes organes de milliers de morts douloureuses. Et l'imagination qui déroule ses anneaux, encercle les poumons, les comprime. Me sentir si tant tellement étouffer. Les anneaux glissent autour de ma taille, s'agrippent au pénis, serrent davantage : « Qu'est-ce que tu faisais dans le poulailler, Jos ? » Je ne répondais pas parce que Pa était énorme dans l'encadrure de la porte, et si sévère avec sa moustache de moujik. J'avais peur de lui, et peur de lui apprendre la vérité. Je ne pouvais pas lui dire :

— Pa, j'ai descendu ma flague pour pisser sur le mur quand le coq m'a sauté dessus et m'a mordu le bout de la queue. Je saigne, Pa. Je saigne beaucoup. Est-ce que je vas mourir astheure ?

Mon vieux mouchoir tout sale enroulé autour de ma queue, et ma main tenant le fond de ma poche défoncée.

Tout au long de cette nuit, c'est à Malcomm que je veux penser, à mon pauvre Malcomm malade d'écœurement et que j'aimais. Il disait:

– Jos, je t'adore plus que n'importe qui sur cette damnée terre, mais je dois dire que t'es une maudite tête de cochon qui comprend rien au monde. La bière, Jos, il y a plus que la bière pour te faire oublier tout ça. Mais tabarnaque, je sais pas pourquoi je fais tant de cauchemars ces temps-ci. J'essaie de pas dessoûler durant des mois, et malgré ça je vois des méchancetés partout, Jos, tu m'apparais dans mon sommeil et tu voudrais que je fasse des écœuranteries avec toi.

Pauvre vieux Malcomm. Tu étais plein de sang, à moitié mort dans la ruelle où je t'ai trouvé. Tu pleurais parce que tu t'étais laissé envahir par la tristesse de ta mort s'emparant de toi et te broyant le corps. Il y avait là les vidangeurs qui te regardaient crever et qui ricanaient parce que tu avais pissé dans ton pantalon. Pour t'effrayer, ils disaient qu'ils allaient te mettre dans une poubelle et te jeter dans le gros camion plein d'ordures. Mais toi, tu n'entendais plus, tu avais le front ouvert, et le sang s'était coagulé dans tes cheveux. Alors Malcomm, je suis venu vers toi, je t'ai pris dans mes bras (une plume, Malcomm, voilà ce que tu étais, et je sentais tes os à travers tes vêtements qui puaient la bière), et je me suis éloigné, j'aurais voulu te parler, mais il n'y avait que des larmes dans ma voix et le cœur me faisait mal aux tempes. Les policiers trop gras étaient là aussi, bien assis dans une auto-patrouille rutilante, leurs badges luisant sous les projecteurs. Ils prenaient des notes, me questionnaient sur toi. Ils m'ont finalement laissé partir. Je leur avais dit :

– Je prends un taxi et je l'amène à l'hôpital. Faites-vous-en pas : je connais Malcomm.

Nous sommes venus à l'appartement, je t'ai allongé dans cette chaise, tu gémissais : « Oh là là, oh là là ! Pourquoi sucer tout mon sang ? Pourquoi ? » J'ai pansé ta plaie. Tu m'as dit : « Laisse donc faire. C'est trop tard maintenant : je suis de l'autre côté de la traque », et tu t'es mis à délirer. Mais pourquoi voulais-tu me faire croire à tout prix que tu avais tué quelqu'un dans la ruelle, derrière le Café du Nord ? À quarante ans, on n'assassine pas son père, vieux Malcomm. Voilà ce que je t'ai dit, et tu t'es mis à pleurer, tu as balbutié une phrase qui n'était pas de toi mais que tu avais dû lire dans ce livre ouvert sur la chaise pliante : « Je suis dans le lit de l'homme maigre sachant que les jambes me sont restées par un courant d'air frais. »

C'est ainsi que la longue nuit a passé, Malcomm s'enfonçant davantage dans la peur du réveil. Il ne voulait plus revenir à lui.

Et moi, il fallait que j'aille travailler à l'aube. Il y avait déjà plusieurs fois que le hideux Jack faisait klaxonner le camion jaune parqué devant la porte. Malcomm, je devais partir et te laisser à toi-même. « Je serai mort ce soir quand tu vas revenir. Je serai mort, Jos, mais toi continue ton chemin et dis-toi bien que j'aime la générosité de ton cœur. » Il avait les yeux grands ouverts et sa langue pendait sur sa lèvre, il s'était donné la mort en s'étranglant avec ses mains. Alors je me suis agenouillé devant lui, et je me suis mis à prier.

J'aime la nuit, je médite mieux dans les ombres. Rien ne me dérange, sauf la bougie que j'ai allumée devant moi, qui vacille parfois et me trouble en projetant sur les murs des formes bizarres qui dérangent mes rêveries. De toute façon, il faut être entêté pour méditer, il faut se réfugier au centre de la flamme de la bougie, demeurer silencieux et immobile, le regard fixé vers l'intérieur de soi-même. Ma tête tourne. Le rêve est lourd à déporter. Pourtant, il faut croire à cette folie qui m'enlève de moi-même, me cloue au fond de mon passé en train de se décomposer en moi.

Et il y a Marie dont Malcomm était amoureux. Nous allions souvent la voir au Café du Nord : « Bon yieu que cette fille-là a un mardeux de beau cul », disait Malcomm en avalant d'un trait son verre de bière. Et Marie venait vers nous, presque nue, elle mettait ses seins sous le nez de Malcomm, pour le torturer, parce qu'elle savait qu'il l'aimait, et son petit cache-sexe laissait voir le début des poils noirs et la courbe généreuse des fesses et la peau noire et luisante à cause de la sueur et la cicatrice à la hauteur du nombril qui était belle et rose et à peine visible. « Bon yieu que cette fille-là a un mardeux de beau cul », disais-je aussi parce que la bière tuait en moi toute réserve – malgré que, sous la table, ma main s'était glissée dans ma poche, et tenait ma queue. Ah ! le coq !

Je me lève, fais quelques mouvements parce que ma jambe me fait mal (un mauvais coup de pic à glace), et je reviens m'asseoir dans la chaise pliante. Je sais que je vais m'endormir : je ne peux plus méditer après quatre heures du matin. De toute façon, la bougie devant le Bouddha de plâtre s'est éteinte.

II

Osiris, héros et dieu égyptien, fut mutilé par Seth, son fils et ennemi, déguisé en sanglier ; déchiré en quatorze morceaux, jeté dans le Nil où des poissons mangèrent son phallus.

CHARLES OLSON, *Appelez-moi Ismaël*

Ce matin brumeux, et la pluie qui tombe toujours. Novembre, mois des morts, le sale automne rempli des spectres des hommes que j'ai connus.

Après avoir terminé mes ablutions, j'ai fait cuire deux œufs durs que je mangerai avec du pain et du fromage. (Le coucou aurait-il déjà sonné sept fois?) Je m'assois au centre de la pièce, replic les jambes sous moi, ferme les yeux. J'ai l'esprit neuf et libre. Je suis encore incapable d'imaginer les horreurs d'une journée qui sera pitoyable. Mais comment apprendre à demeurer gai? Comment acquérir la sérénité d'un Krishna? Quelle force trouver pour me perdre dans la joie de moi-même? Comment ne plus me détester et ne plus mépriser ce qui en moi me rappelle toujours que je suis un pauvre homme? Le matin, il n'y a plus de sécheresse dans mon cœur. Je me suis assis au centre de l'appartement, j'ai fermé les yeux, et je me laisse envahir par la bonté que j'ai lue dans les livres empilés devant moi. Je me laisse convaincre par le mandala – OUI, se pencher à côté du ruisseau et remplir des tasses.

Le bruit étouffé des pas que j'entends au-dessus de moi me distrait. C'est le concierge qui va d'un lit à l'autre pour réveiller ses enfants. Il y a parfois des éclats de voix, des rires confus, des pieds nus courent – (et si j'avais moi aussi une famille?) Mais ici, c'est la paix, la paix de l'encens qui brûle, la paix des yeux du Bouddha tournés sur eux-mêmes, la paix de

l'innocence retrouvable. Je me rappelle ce rêve d'enfance dans le brouillard du petit matin de Saint-
Jean-de-Dieu alors que Pa et moi on marchait dans le
sentier : « Qué vaches, qué ! » – et la rosée et le meu-
glement du taureau dont le museau était rouge à
cause de l'anneau et de la chaîne dans l'herbe et les
siffleux sortaient de leur trou sous les arbres : « Jos,
aimerais-tu ça ressembler au curé Labelle ? Jos,
aimerais-tu ça devenir comme le curé Labelle ? » me
demandait Pa qui marchait derrière moi, Pa qui ajou-
tait : « C'est beau, hein, ce matin ? Tu vois-tu le beau
soleil qui se lève derrière le coteau des Épinettes ?
J'aimerais ça, Jos, que tu deviennes comme le curé
Labelle » –

Un klaxon déchire le silence. C'est Jack qui vient
me chercher. Je me lève, tire un pan du rideau jauni
par la pluie et le soleil. Je vois le petit camion jaune
du Morial Mort Supermarket et la tête de Jack tournée en direction de la maison. À cause du soleil, Jack
a mis sa main devant ses yeux. Jack porte les lunettes
les plus épaisses que j'ai jamais vues. Jack s'impa-
tiente et klaxonne encore une fois. Je m'habille à la
hâte, enfile mon pantalon, mets ma chemise dont le
bouton du haut se brise et roule par terre. Je médite
tout nu, comme un vrai Bouddha. Méditer habillé
m'agace, je n'ai pas l'impression d'être digne car mes
bleus de travail puent toujours la bière ou le vinaigre.
Méditer nu est plus dans les règles. J'ai parfois la surprise de voir ma queue s'éveiller quand je me concentre sur elle. Dans mon esprit, je la vois grossir, il me
semble qu'elle va occuper bientôt tout l'espace de
mes yeux, et j'ai beau la ramener dans mes deux
mains, j'arrive plus à en faire le tour : tout le poids de

mon corps est dans ma queue allongée devant moi, de même que toute ma puissance et toute ma fierté. Peut-être devrais-je me mettre à aimer Marie puisque je n'ai jamais connu de femme?

C'est la quatrième fois que le klaxon du camion jaune de Jack me tire de ma rêverie. Faut que j'y aille sinon Jack va se fâcher et partir sans moi. J'allume la bougie devant le Bouddha, j'éteins la lampe et je sors. Jack me dit :

– Christ que t'es pas vite ce matin !

Il démarre. Jack a un caractère de tous les diables. Toujours furieux et malade. Ça doit être à cause de ses yeux qui voient presque plus rien sans les lunettes. Furieux et malade à cause de ses yeux, oui, mais il y a aussi sa femme qui le trompe avec trop de culs-terreux. (Gros seins offerts sur le plateau d'argent de la provocation.) Jack conduit comme un fou. Jack n'a pas couché avec sa femme depuis des mois, et il sait qu'il est trop laid pour pouvoir le faire avec d'autres sans payer.

– Salut, Jack.

– Salut, Sam.

– Salut, Jos.

Le gros Sam est seul ce matin pour servir les clients du Ouique. Il se démène comme un maboule derrière ses marmites. De temps en temps, Sam tire vers lui la grosse poubelle en plastique vert (il a un truc bien à lui pour faire ça), puis, se raclant la gorge, il lance un jet de crachat qui ne rate jamais son coup.

– Qu'est-ce que vous mangez ce matin, les gars ?

– Un café pour moi.

– Toi, Jack ?

– Comme d'habitude : deux œufs, bacon, toasts et café.

Le gros Sam se dévire, nous présente son large cul. « T'as de belles fesses de femme qui mange trop », dit Jack. Sam hausse les épaules. Son cou de taureau est déjà luisant de sueur et le col de sa chemise est noir de crasse. Sam s'avance vers nous, me fait un clin d'œil. Ça veut dire qu'il a une sale histoire à raconter.

– Jack, t'es bien fin, mais est-ce que tu peux me dire pourquoi les Italiennes portent jamais de slip ?

Jack cherche, il enlève ses lunettes, se frotte les yeux, mais finit par avouer qu'il ne pourrait pas dire.

Alors Sam part d'un grand éclat de rire :

– Ben, c'est pour pas avoir les mouches dans la face, Christ !

Les clients commencent à affluer. Tant de mines de chiens battus. « Eh ! passe-moi donc le *Montréal-Matin*, que je regarde pour les courses. » Penché sur son assiette, Jack avale ses œufs. Il sape, se liche les doigts, les joues gonflées et rouges. Son long corps n'arrête pas de bouger sur le banc mobile qui grince. « Un tannant de temps fou ce matin, hein ? » Et les automobiles qui passent dans la rue et les vapeurs bleues du monoxyde de carbone et le cadran qui tourne sur lui-même devant la Banque de Morial et les brigadiers dans leurs imperméables orange qui font traverser la rue aux enfants et Pa entrant au Ouique pour acheter des Player's et les odeurs de friture et les mouches bruyantes dans la vitrine et l'absence du soleil et – « T'apprendras donc jamais à faire cuire les œufs, Sam ? » J'attends que Jack ait fini de manger ses toasts pour partir. Les Italiens ont maintenant investi la place. Jack les regarde sous ses épaisses lunettes. Il déteste les Italiens parce que sa femme est Sicilienne et qu'elle a, comme dit Jack, les bras frisés (et le cul aussi, ajoute-t-il). Pauvre gars. Sam demande:

– On vous revoit à midi, les enfants?

– Peut-être bien, dit Jack. À moins que ta soupe aux pois d'hier soit encore sur le menu.

Sam rit:

– Non, c'est le pain de viande à midi.

Je suis Jack. Il a l'air d'un malade mental dans sa froque trop grande pour lui et ses jeans serrés. Des échasses d'infirme au bout desquelles pointe une queue longue et courbée comme une vieille banane Chiquita – une queue de maniaque. Tous les hommes qui vivent comme Jack sont-ils donc des obsédés de la queue? Mais que leur reste-t-il une fois la semaine passée? Une fois la paie donnée à leurs Italiennes? Une fois les douze grosses bouteilles de bière bues au Café du Nord le vendredi soir? Une fois la messe de dix heures du dimanche entendue? Une fois les gommes balounes payées aux enfants et les tickets de stationnement remboursés à la ville? Rien que des faces de tapettes. Rien que des bouches en cul de poule. Pendant qu'ils punchent leurs cartes d'ouvriers, ils doivent rêver à la grande queue recourbée comme une vieille banane Chiquita de tous les pauvres Jack qu'ils sucent dans le noir du Grand Morial en criant des injures et des mots blessants comme des lames de rasoir. Ouais. Des culs de tapettes, autrement dit des culs de femmes enceintes, avec les reins tordus et l'anus agrandi pour les fornications désobligées. Tellement de baveux crapottes! Tel est le fils de M. Houle qui est dans la police de la ville. « Pour les courses de chars, dit-il. Et les descentes dans les clubs. » Telle est Madeleine atteinte du Haut Mal, et qui se promène toute la journée devant l'hôtel de ville avec sa radio transistor qu'elle pousse dans le carrosse doré. Tous ces affreux symboles du Morial Mort livré à ses iniquités, à ses combines et à ses rackets. « Jos, est-ce que c'est vrai que les Italiens contrôlent la pizza à Montréal ? Que le fromage, c'est la pègre qui le distribue dans les pizzerias ? », passait son temps à me demander Malcomm.

Jack n'a pas encore parqué son petit camion jaune que Gros-Gras Seguin court vers nous.

– Vous êtes en retard, les gars. Vous vous levez plus le matin ?

Jack se met à rire.

– Ôte-toi dans mes jambes, Finine Lapasfine.

Jack et Gros-Gras Seguin s'entendent mal, Gros-Gras Seguin étant le chien savant de M. Houle.

– Qu'est-ce que t'as à me suivre comme ça, grande ciboire de tabarnaque ?

– Le Boss veut que vous sortiez les poubelles. Les vidangeurs passent ce matin.

Jack sursaute, enlève ses lunettes, les remet :

– Sors-les toi-même les poubelles, grosse face de fesse avortée !

Quel caractère de chien Jack a ce matin !

Nous entrons dans la grocerie. M. Houle (« est-il vrai, Seigneur, que je vais encore perdre une autre journée à discuter de bien vaines choses ? ») essuie ses lunettes, me dit : « Ça va-tu ce matin ? » et je réponds : « Ça va. » L'haleine de cheval dopé. « Je rentrerai dans deux mois et te regarderai dans les yeux. » M. Houle dit :

– T'oublie pas de préparer les bouteilles vides. Denis passe aujourd'hui.

Je hausse les épaules. Je tire la trappe. Bruits de bouteilles se brisant sur le ciment. Tant de ténèbres dans la cave humide. J'ai souvent vu Jack qui, debout devant la toilette, se masturbait en sacrant. Les bouteilles de Denis Cola sont au fond, près de l'égout éclaté qui dégage des odeurs écœurantes. De temps en temps, on voit un gros rat qui se glisse dans l'orifice ou qui fuit, à toute vitesse, entre les caisses. Quand j'ai pas de travail, je m'assois dans la vieille chaise poussiéreuse, je ferme les yeux, je me laisse envahir par le flux de mes pensées. Je deviens de plus en plus paresseux, je compte rarement les caisses d'eau gazeuse, j'y vais au petit bonheur la chance, persuadé que cela n'a aucune espèce d'importance.

Il y a trois ans maintenant que je travaille au Morial Mort Supermarket. Ça m'est arrivé à un moment où je ne faisais que commencer à me livrer à la méditation. Je connaissais guère la ville, n'y ayant jamais habité. Mais Morial Mort, les petits quartiers pour minus, les malodorantes cuisines meublées en laiton et en faux chrome. On habitait une espèce de taudis que Pa louait pour cinquante dollars par mois. Au-dessus de nous, il y avait un fou qui jouait tout le temps de la trompette et une horrible bonnefemme qui cocufiait son mari avec un odieux personnage à grand nez et manchot. La rivière des Prairies, les grèves d'eau sale, les étrons et les pustules sur la chair. Pa disait : « Baignez-vous pas là-dedans, bon yieu. Vous allez crever comme des rats. » Et les poissons morts entraînés par le courant, les verts poissons morts qui allaient être déchiquetés dans les écluses.

« Quand je pense qu'on va être quatorze là-dedans ! »
avait dit Mam en regardant la maison. « Oui, mais
c'est pas pour longtemps. Compte sur moi, je vas
trouver autre chose », avait dit Pa. Deux ans à attendre là. Deux ans à écouter le trompettiste. Deux ans
à voir le manchot grimper la bonnefemme nue qui
nous montrait ses tétons quand nous nous engagions
entre le hangar et la maison pour aller pisser. On
savait qu'elle nous surveillait derrière la fenêtre de la
chambre à fornication. Aussi Machine Gun Jean-
Maurice lui faisait-il voir sa queue qu'il avait belle.
M. Houle dit :

– Eh ! Jos, où c'est que t'es, là ?

– Je compte les caisses de Denis Cola, Christ.

– Grouille-toi un peu, mon gars. C'est plein de
commandes qui t'attendent.

La chaise craque. Je me lève et monte l'escalier.
M. Houle est déjà en train de boire. Caché derrière la
porte, il aligne ses bouteilles sur une tablette et fait des
X sur un carton qu'il a cloué au mur. Cette grosse face
bouffie, ces yeux rougis par l'alcool, ces nuits d'insom-
nie et cette maladie du foie. Les mains de M. Houle
tremblent. Que de peau jaune vous avez, M. Houle !
Une loque dont les dents pourries sont comme des
croix dans la bouche.

– Mme Monalesco voudrait que tu lui apportes
un pain, douze petites Molson et un paquet de Men-
thol.

– OK.

Je suis un serviteur fidèle et soumis. Je fais une
facture au nom de Mme Monalesco, je prends une
caisse, y mets les douze petites Mols, le pain et les
cigarettes. Je demande à Jack les clés du camion

jaune et je sors. Mme Monalesco habite à deux rues
de la grocerie. C'est une vieille fille inoffensive qui
se cherche un homme. Mais comme elle a la moitié
de la face mangée par une tache de naissance et une
moustache sous le nez, elle est mal greyée pour faire
des risettes. Mon Dieu! Que de misérables sur le
chemin de Jos! Que de sans-tête et que de têtes
enflées! Mon pauvre petit pays brûlé par l'alcool et
la bêtise et les malformations physiques et l'ignorance : cela vaut-il la peine qu'on passe sa vie à te
dénoncer? Et pour quel avenir? Trop d'heures perdues, trop de circonstances dont on n'a pas profité,
trop de peurs enfouies au fond de soi, trop d'irres-
ponsabilités. Les parents de Mam ont-ils donc eu
raison de s'expatrier à Lowell où ils travaillaient
quinze heures par jour dans les factories de coton
qui leur mangeaient les poumons? Les parents de
Mam ont-ils donc eu raison de devenir de ventripotents Américains fumeurs de White Owl et nègres
blancs de Lowell?

— Bonjour, Jos.

— Bonjour, madame Monalesco.

Thérèse Monalesco aime qu'on l'appelle madame même si elle n'a jamais ouvert ses cuisses à un
homme qui aurait pénétré profondément en elle. Je
vois sa tache de vin devenir écarlate. Madame Monalesco, bandez vos forces et résistez, encore une fois, à
l'assaut satanique! Refoulez au fond de votre âme
vingt ans d'iniquités de la part des hommes qui ont
craché sur votre plaie de naissance au Café du Nord
où vous alliez vous soûler les samedis soir et d'où on
vous sortait à deux, pour vous embarquer dans un
taxi qui vous reconduisait chez vous.

Elle m'a raconté ça l'autre jour parce qu'elle était malade et qu'elle avait besoin de parler à quelqu'un, à moi son livreur bien-aimé à qui elle donne des pourboires presque indécents. Elle dit :

– Qu'est-ce que tu deviens, Jos ? On te voit plus.

– On travaille, madame Monalesco. On a pas beaucoup de temps pour voir le monde quand on travaille.

– Tu vas donc plus au Café ?

– Non, je médite maintenant le samedi soir, et puis je bois plus, alors.

– Je comprends, Jos. Je comprends. Ma commande, tu feras marquer ça. Je paierai samedi. Dis-le donc à Houle.

– OK.

Et comme elle ne veut pas que je reparte tout de suite, elle ajoute :

– Apporterais-tu des bouteilles vides ? Comme j'en ai pour au moins dix piastres, ça me débarrasserait. Elles sont dans le hangar en arrière. Je vas y aller avec toi si tu veux.

Je marche derrière elle qui trottine. La manie de Mme Monalesco, c'est de porter des souliers d'homme. Mais comme ils sont trop grands pour elle, elle met deux paires de chaussettes. Elle fouille dans la poche de son tablier, en retire une clé et ouvre le cadenas qui verrouillait la porte. Elle dit :

– On sait jamais, Jos. Depuis que l'école est bâtie, c'est plein de voleurs dans les environs.

Un chat miaule et me file entre les jambes. À quatre pattes, je me mets à ramasser les bouteilles que Mme Monalesco a lancées dans le hangar. Je dis :

– Vous pourriez pas m'éclairer un peu ?

– J'ai cassé l'ampoule en garrochant une bouteille par la fenêtre.

Ça sent le moisi et la toile d'araignée. J'ai les seins de Mme Monalesco dans mon dos. Je dis :

– Vous avez une lampe de poche ? Moi, je vois rien. C'est noir comme chez le yable ici.

J'ai frappé un bout de tuyau avec mon genou. Un long blasphème comme un serpent se tortillant dans le hangar.

– J'ai des allumettes de bois. Est-ce que ça pourrait faire ?

Mme Monalesco sort sa boîte d'allumettes, en fait craquer une. Je me dépêche de ramasser trois ou quatre bouteilles de bière, puis c'est de nouveau l'obscurité. Tout le corps de Mme Monalesco est maintenant contre le mien. Je pense : mais pourquoi que vous êtes pas heureuse, Mam ? Pourquoi faut-il que je lise tant de pitié dans vos yeux rougis par les pleurs et les veilles ? Mam dit : « Deux heures et Jean-Maurice qui est pas encore rentré ! Jos, comme tu vois, je veille, assise dans mon lit où je pense à Pa. J'espère qu'il aura pas trop de difficultés avec ses grands enfants cette nuit. Hier, un malade l'a attaqué, il voulait le scalper parce qu'il avait vu ça à la télévision. Pauvre Pa. » Mais Jos emmuré dans sa tristesse comme un pot de colle, Jos sans femme pour lui donner le change de la douceur du sang montant aux tempes, et les caresses. Mam dit : « Nous étions jeunes, Pa et moi, quand nous nous sommes connus tout nus l'un près de l'autre. Je me demande ce que nous serions devenus si nous ne nous étions pas aimés vraiment, et comment nous aurions pu supporter le poids de tant... » Mam dit :

« Jos, est-ce que tu dors ? Ta maman t'aime, Jos. Elle t'aime pour toutes les souffrances qu'elle a endurées à cause de toi. » Pauvre Mam. Trois ans à dormir dans l'absence de Jos parti dans les Amériques à la découverte du monde et des manifestations de la colère de Dieu. Le petit train de marchandises continuait inlassablement sa course vers Vancouver, avec Jos caché dans l'un des wagons à bestiaux. Que d'écœurants vomissements dans la paille et la longue plainte monotone : « Vous auriez pas une tranche de baloney pour Jos, Miss ? » Le froid, le bout des orteils gelé à cause des souliers usés et troués. Et les engelures et l'affreux mal de dents dans la paille du wagon à bestiaux. Mam disait : « Jos, la paix ça n'existe pas parce qu'on ne court jamais qu'après le monde de soi-même. Reviens donc, reviens donc, Jos. Mam est là, assise dans son lit, les bras en croix. Mam prie pour toi en se rappelant ta naissance, ta sortie, ta tête en bas, d'entre ses cuisses, et les lèvres qui refusaient de s'ouvrir pour la dure délivrance. Mon cœur bondissait pourtant dans ma poitrine. Tu étais mon premier, Jos. Fais pas mourir ta mère de douleur » –

J'ai eu de la difficulté à faire démarrer le petit camion jaune pendant que Mme Monalesco m'envoyait, derrière le rideau huileux de la cuisine, un salut de sa grosse main aux ongles noirs. C'est sans enthousiasme que je me suis laissé prendre la queue dans le noir du hangar pendant qu'elle disait :

– Jos, il n'y a rien que ça de beau dans le monde, la peau.

Le moteur du camion s'est mis à ronronner à la manière d'un gros chat bien nourri par le docteur Ballard.

Le soleil comme un clou dans les nuages et la pollution qui grimpe la ville. L'affreux pénis sale et pustuleux dont les gouttes de sperme sont pleines de spermatozoïdes poilus et malodorants qui s'accrochent aux poumons et tissent dans les fibres des toiles pour l'araignée putréfaction. Grand-Père crachait le sang quand il revenait de l'usine, sa boîte à lunch sous le bras. Il disait : « Sais-tu ça, petit, que je vas mourir parce qu'on vit dans la dompe de la cochonnerie ? » Les longues cheminées des manufactures ceinturant le ventre de Morial Mort. Les odeurs d'huile et les murs sales, les murs barbouillés de dessins et de mots pornographiques. Les chiens jaunes qui jappent sous les perrons. La fumée au-dessus du dépotoir de Rivière-des-Prairies.

– Eh ! Jos, apporte-moi donc une douzaine de petites Mols. Il fait chaud par ici, c'est pas tenable.

D'un cri, Thomas Talons-Hauts m'a arrêté. À quatre pattes dans le terrain vague, il est en train de raser les broussailles desséchées. J'ai juste le temps de voir son visage buriné et ravagé par les rides qui ont creusé sa face rendue violacée par une consommation trop généreuse de petites Mols. Thomas Talons-Hauts crache dans l'herbe jaune. Le trou vide de sa bouche.

– T'es ben blode, Jos.

Il y a brusquement le chant des sirènes des bicycles patrouillant dans le lointain de Morial Mort. Ces hurlements de la rage policière vibrant dans les grandes oreilles de Jos : « Rentre là-dedans, hostie de chien sale ! » Pourquoi ce coup de pied dans les testicules gonflés de Jos se mordant les lèvres pour ne pas crier sa peur des uniformes devenues brutalité répressive ? Derrière le Café du Nord, je rampe avec mes testicules qui me montent jusque dans la gorge (j'ai eu mes bourses à huit ans, après avoir avalé deux marbres. Avec les années, ils se sont amollis dans le vinaigre de leur poche). Gros-Gras Seguin dit :

— Tiens, Jos. Deux commandes encore. Puis c'est tout.

Il me donne les factures que M. Houle a écrites de sa main tremblante. Sur le carton au-dessus de l'escalier, il y a maintenant une dizaine de croix. « Tu pues de la bouche, M. Houle. » Jack a mis son grand tablier blanc que des taches de sang maculent déjà. Il s'est appuyé sur le comptoir, un gros couteau de boucherie à la main. De temps en temps, il plante le couteau dans le bloc de bois franc sur lequel il coupe sa viande et, à l'aide de ses deux mains, il remonte sous le tablier son appareil à hernies tandis que Gros-Gras Seguin place le nouveau stock et fait semblant, avec un vieux plumeau époilé, d'essuyer la poussière qui s'accumule sur les couvercles des boîtes de conserve. Quelques clients trient les légumes à moitié pourris dans le comptoir devant la vitrine. M. Houle dit :

— On se voit au Café ce soir ?

— Je pense pas. Faut que j'aille dans le Grand Morial et je serai pas revenu avant le milieu de la nuit.

— OK. On a compris. Pense à nous autres en plantant ta grosse pasbonne.

J'ai pas répondu à Jack. J'ai haussé les épaules et je suis sorti. Pourquoi tant de soleil tout à coup ? Je marche dans la rue en sifflotant. Faire rien que penser à la série de mes pas sur le trottoir. Me contenir tout entier dans mes pensées et fermer les yeux sur le spectacle de la gratuité des fourmis transportant à dos de chameau leurs sacs de provision Steinberg. Est-ce que je tiendrai encore longtemps ? Combien de matins avant que la face de Houle et les lunettes de Jack et le ventre de Gros-Gras Seguin... J'ai fait un saut pour éviter une voiture blanche passant sur le feu rouge. Le crissement des pneus me rappelle la terreur policière et les paniers ouverts devant Malcomm et moi. Ces affreux grillages ! Nous étions comme des bêtes à cornes dans les wagons à bestiaux, nous vomissions sur le plancher de tôle : « Est-ce que je l'ai tué, Jos ? Est-ce que je l'ai tué ? » La belle tête de Malcomm dans les détritus et, derrière la vitre, la matraque comme une queue sur le bras replié du policier –

III

Placés en file indienne et chacun ayant pour partenaire celui qui le précède immédiatement, huit chiens s'accouplent devant moi. On me dit que ce sont des gens qui leur ont appris à faire cela en guise de tour.

MICHEL LEIRIS, Nuits sans nuit

– Tu viens déjà dîner, Jos ?

C'est Marie qui m'adresse son plus beau sourire et me fait un clin d'œil dès que je pousse la porte du Ouique. Le gros Sam est attablé et mange des spaghettis tandis qu'une horrible musique («Je t'aimerai toujours mon amour») éclate au plafond comme un pétard mouillé. Deux longs escogriffes barbus et sales sont appuyés sur la boîte à musique et mâchent leur gomme en défiant les clients.

– Deux smoked meat.

Ma voix est comme du caoutchouc, mes mots sont des boules bleu blanc rouge dans la gorge; elles ne vont pas bondir assez haut, elles vont retomber dans le creux de l'estomac. «Tu finiras dans les ulcères et le lait de magnésie Philips, Jos.» C'était M. Houle qui me disait ça en me donnant des coups de poing sur l'épaule.

Marie est venue s'asseoir en face de moi. Je vois qu'elle a coloré ses ongles en rouge, qu'une épaisse couche de bleu recouvre ses paupières. Peut-être est-elle belle. Peut-être que c'est moi qui ne sais pas regarder comme il faut les femmes et remarquer ce corps qui doit se tendre et chanter sous les couvertures dès qu'on lui met la main dessus. Je dis :

– Qu'est-ce que tu fais, Marie ? Après-midi, je veux dire.

– Mon chiffre finit à deux heures.

– T'aimerais venir avec moi dans le Grand Morial ?

Elle a posé sa main sur la mienne. Froide main de couleuvre qui se dandine sur la place publique du Champ-de-Mars. Main d'hiver sur la peau de mes doigts. Mais pourquoi se perdre en désirs tactiles de main troublante ? Marie jette son chewing-gum :

– OK, Jos. On dîne puis on s'en va.

Elle a dit ça spontanément, sans réfléchir, ses lèvres pulpeuses ouvertes comme une fleur.

– Et Sam ?

– Sam dira rien. Depuis le temps que je travaille pour lui.

Je ne voulais pas l'inviter à venir avec moi, mais il faudra bien aller jusqu'au bout maintenant que la roue a commencé à tourner dans ma tête et dans celle de Marie qui passe sa langue sur ses lèvres pour essuyer le ketchup qui dégouline sur son menton. Je prends une serviette de papier et lui essuie la bouche (et je remarque tout à coup que mes ongles sont sales).

– Qu'est-ce qu'on va faire dans le Grand Morial, Jos ?

Je dessinais des cercles sur la napkin et deux gouttes d'eau sont venues brouiller le jeu des lignes.

– On verra, Marie.

La mouche a longtemps hésité en tournoyant au-dessus de la table. Puis elle s'est posée sur l'anse, ses petites pattes nerveuses s'agitant au bord de la soucoupe. Ce sont les grains de sucre qui l'attirent le long de la paroi. Elle va y tomber. La longue marche circulaire et inutile, l'enlisement dans le sucre mouillé.

– Est-ce qu'on va prendre mon char, Jos ?

Je lève la tête. Le silence de la mouche morte et noyée. Je dis :

– Non, l'autobus. Pour les paysages. Et pour être libres de regarder tous les deux la même chose en même temps.

Elle sourit de contentement. Il y a si peu de poésie dans la vie de Marie qu'elle accepte tout (que faire pourtant de cette cicatrice sur le bout de ma queue ?) –

Le gros Sam nous a laissés partir, il m'a même fait un clin d'œil significatif lorsque j'ai ouvert la porte pour que Marie puisse sortir. La belle petite robe moulant le corps musclé, les bas de nylon blancs qui galbent bien les chevilles et les mollets et les longues cuisses en forme de pylônes pour haute tension. Nous nous sommes arrêtés au coin de la rue, et nous attendons l'autobus l'un près de l'autre et nous nous sourions à cause de l'été des Indiens tirant sur sa fin. Mais à quoi donc pense Marie ? Elle regarde les néons, ou compte les poteaux et les oiseaux sur les fils comme des taches noires devant l'œil, ou se suce le pouce en fermant les yeux. Les gros moteurs des voitures que l'on rince aux feux rouges. Et si les cuisses de Marie étaient des bois de fronde sans élastique ? Qu'est-ce que je pourrais bien faire de ça, Seigneur ?

Pour ne pas y penser, je m'attarde au paysage. Plus de feuilles que dans la rue sous les roues des camions à Miron. Le long boulevard Pie-IX sans ramage et refroidi dans le béton gris devant les niques à poules loués. Vieilles, si vieilles façades dépeinturées ! Vieux, si vieux gazon jauni et maladif ! Et ces jeunes mères déjà ridées et déjà grosses avec des bébés dans le ventre et des fausses couches au bord du vagin mal formé et relâché sur la serviette rose. Je rêve pour ne pas penser à Marie dont le genou touche le mien et répand sa chaleur dans mon corps attentif au spectacle du monde se défaisant boulevard Pie-IX – les pores de la peau de l'univers finiront-ils par se briser ? Quel éclatement de la conscience verrons-nous alors dans la rue Jarry ! Et quel parfait amour fileront les carcasses des voitures se grimpant dans les terrains vagues ! Des rats grugent le cuir des banquettes et fouinent dans le sexe de Marie qui joue discrètement avec ses fausses dents, ses longues jambes écartelées dans l'autobus. Elle dit :

– Sais-tu que tu parles pas beaucoup ?

Je serre sa main :

– Ça viendra. Mais laisse-moi d'abord le temps de digérer le monde se noyant au fond de sa panse.

Je mets ma main sur le genou de Marie. L'autobus est plein maintenant de faces inconnues qui regardent nulle part. Peut-être y a-t-il des millions de faces inconnues qui vont ainsi dans les millions d'autobus de la panse du monde flux. Et je suis l'une de ces faces, moi, Jos Beauchemin qui me laisse conduire vers le Grand Morial qui est le cœur de la panse du monde flux. À trente ans, Marie m'y apprendra peut-être ce qu'est le secret des corps tombant du haut de leur échelle. Symbole. Toujours le symbole de l'autobus comme un ver solitaire dans l'intestin de la panse du monde flux. Si je ne parle pas à Marie, c'est que la raison de mon silence doit lui apparaître et la subjuguer dans l'horreur du viol.

L'autobus se fraie lentement (ces roues qui grincent aux feux rouges!) un passage vers l'avenir. Les poussées de fièvre brusques et les longs relâchements des viscères motorisés.

– Jos, je suis heureuse d'être avec toi aujourd'hui. Tu me crois-tu au moins?

Les placards publicitaires comme des images télévisées tout le long du boulevard Pie-IX. Les flashs du lavement de la conscience dans la belle fureur Ford. Et le bruit des portières des camionnettes de livraison stationnées en double avec les feux de position qui clignotent et les klaxons des automobiles faisant une longue queue derrière. Heureusement qu'il y a toujours la sacrée ficelle d'argent qui relie le saint voyageur à son corps étendu devant les hauts fourneaux de l'initiation.

Nous trouvons rien à dire, Marie et moi. Aussi songeons-nous à nous-mêmes et au portrait que nous avons de notre passé.

L'autobus s'est immobilisé dans un hurlement de freins mal huilés. J'ai pris le bras de Marie, et nous sommes descendus l'un devant l'autre dans la rue Sainte-Catherine.

– Est-ce qu'on prend le métro, Jos?

– Non, l'autobus, toujours.

Au loin le métal vert du pont Jacques-Cartier comme une main d'Anglais sur le Grand Morial.

Et nous voici de nouveau assis. Il n'y a presque plus personne avec nous, que quelques femmes portant sous leurs bras des quantités de petits sacs en papier brun. Ça m'ennuie maintenant d'être avec Marie qui dérange mes habitudes. Parce qu'elle ne sait pas quoi faire de ses dix doigts, elle imite mes gestes, regarde dans la même direction que moi, comme si elle voulait que je sache qu'elle est toujours là et qu'elle essaie de comprendre la portée de mon silence. Se doute-t-elle que je manque d'imagination, que lorsque je tourne mes yeux vers l'intérieur de moi-même je n'y trouve que les morts intouchables de Belhumeur et de Malcomm ? Pourquoi donc Marie se douterait-elle qu'au fond de mon panier je ne suis qu'un pauvre enfant de six ans qui tient sa queue ensanglantée dans le petit poulailler devant l'église des Trois-Pistoles ? Que te dire, Marie ? Que te dire ?

— Tu connais bien le Grand Morial ?

— Pas mal, oui.

Je voudrais ajouter rien d'autre mais c'est plus fort que moi :

— Toi-même, t'as travaillé par ici, non ?

— Oui. Mes parents ont habité un moment dans la ruelle de la Friponne. J'avais seize ans.

Marie m'a déjà raconté des grands morceaux de sa vie. Quand nous étions tranquilles au Ouique, elle venait s'asseoir avec moi et se mettait à parler. C'est ce que Malcomm appelait tirer de soi une formidable ficelle pourrie. Et je me rends compte tout à coup que j'aurais jamais dû demander à Marie de venir avec moi dans le Grand Morial.

Nous voici déjà au coin de Peel et de Sainte-Catherine. Nous avons marché depuis de Maison-neuve, bras dessus bras dessous, en évitant les passants aux nez busqués comme des Iroquois et aux faces inexpressives. Trop de monde, Marie. Regarde-les tous comme ils ont pauvre allure. Ils défilent comme des ombres près de nous, et que sont-ils sinon les ombres de la mort se multipliant pour nous rappeler l'insignifiance des manifestations de la vie ?

Malgré tout, Marie sourit. Elle montre ses fausses dents blanches et j'ai brusquement envie d'y mettre les doigts, de toucher, au fond de la gorge, la luette vissée là comme un godemiché de chair. Elle dit :

– Où est-ce que tu m'amènes, Jos ?

– Je veux te montrer où je travaillais.

Nous marchons rapidement. Nous devons traverser tout le quartier chinois comme un puzzle jeté au centre du Grand Morial. Et puis la rue Craig, les boutiques de prêts sur gages. Toutes ces vieilleries dans les vitrines, les cadrans aux aiguilles cassées, les montres-bracelets, les guitares électriques, les habits rouges démodés et les Juifs dans les portes, crasseux et tétant de gros El Producto mouillés. « Tu veux-tu un costume pour être beau pour ta blonde ? » Je m'arrête devant une vitrine. C'est là que pendant des mois j'ai tenu une panshop. Il n'y avait que Belhumeur et que Malcomm qui acceptaient d'encourager le vieux Jos dégoûté. Ô mes rêves arrivés ! Rappelez-vous. Vous étiez si détraqués que vous aviez même oublié d'où vous partiez. Ils étaient si perdus, mes rêves, si perdus qu'ils ne se doutaient pas qu'ils étaient venus à moi dans le wagon à bestiaux filant à toute allure vers Vancouver. Malcomm, mon pauvre gringueux : tu t'étais assis sur un tas de paille et tu t'étais mis à brailler.

– Tu m'avais pas parlé de ça, Jos. Tu m'avais pas dit que tu avais travaillé dans une panshop.

Belhumeur appelait pourtant Tour de Babel cette panshop !

– Et tu es resté là combien de temps ?

– À peu près un an. Tu sais, j'ai été absent de chez moi durant trois longues années. J'ai couru un peu partout sans jamais donner de mes nouvelles à personne, puis avec l'argent que j'avais fait à Forestville dans un chantier, j'ai acheté cette panshop pour une bouchée de pain. Je vivais là tout le temps, je m'étais installé un lit de camp à l'arrière, j'avais la paix et j'avais besoin de cette paix pour me retrouver. Je me sentais pareil à un Juif, dispersé dans tous mes royaumes. Beau temps de l'illusion. Faudra que je te parle de tout ça un bon jour.

Ce mendiant tenace comme un chien sur nos pas. « De l'argent pour l'amour du bon yieu. » La psalmodie chevrotante, le Divin usé et ne se manifestant plus que dans les vieilles peaux rouges et vineuses, avec les poils de barbe comme des piquants de porc-épic dans la face. Rien que deux lèvres comme des babines de clown. Marie lui met vingt-cinq cents dans la main. « Pauvre petit vieux. » Les yeux minuscules et morts au fond de la tête, les globes de verre perdus dans les orbites creusées en début de tunnel. « Marci. » Et le Divin fuit devant nous, en claudiquant. C'est un vieux Chinois ridé et triste dans la ruelle grise qui pue les détritus amoncelés sous les fenêtres. Je dis :

– C'est là que j'avais ma panshop.

Peut-être qu'il n'y a rien de changé depuis que j'ai vendu. Dans la vitrine, il y a toujours les mêmes vieilles valises au carton jauni par les gouttes de pluie tombant du toit. Et toujours les mêmes vieilles paires de bottines tordues et les mêmes vieilles horribles gabardines achetées de l'armée et les mêmes quelques vieux exemplaires du *Sélection du Reader's Digest* qu'un jour j'avais pris à un pauvre gars terrorisé parce qu'il n'avait pas mangé depuis une semaine. Il tournait en rond devant la porte de la panshop (je lui avais donné un sandwich et un grand verre de vin, et il était reparti en sautillant : « J'ai fait la guerre, bon monsieur, et voyez ce que ça m'a donné : une patte en plastique ») –

Marie s'est arrêtée en même temps que moi. Elle regarde, les yeux grands ouverts, comme si elle ne se faisait pas à l'idée que j'ai vécu là durant toute une année, dans la solitude et l'odeur moisie des vêtements invendables.

– Tu veux qu'on entre, Marie ?

Peut-être pense-t-elle que ça me ferait plaisir car elle dit :

– Certain, Jos.

Je passe devant. (Dans quel univers dois-je entrer ?) Il fait sombre dans la panshop où un étudiant boutonneux se cherche un pantalon d'occasion sous le regard buté de Mme Mailer, grosse femme à moustaches. Mme Mailer s'habille comme un homme et ses jeans serrent ses énormes cuisses, font ressortir davantage ses fesses larges. Et puis, ce chandail à col haut, ces cheveux courts et graisseux, cette cigarette, ces doigts jaunes et l'œil vitreux. Au fond de la panshop sont toujours suspendus au mur les vieux encadrements empoussiérés. Des truies vautrées dans la boue et allaitant leurs bébés. Des truies allongées devant l'auge pleine de mouches. Des truies qui ont fermé les yeux pour mieux rêver à des paradis pour cochons. Des truies aux yeux alcooliques. Et trois photos de Juifs étendus devant les barbelés avec des crosses de fusils au-dessus de leur tête et de grandes mains squelettiques attachées à leurs pieds.

– Tiens, salut Jos.

– Salut, madame Mailer.

– Qu'est-ce que tu brettes par ici ?

– Je passais.

Elle lève les yeux, voit Marie qui ne paraît pas trop mal à son aise, la regarde. Les jambes d'abord, puis elle monte, elle monte jusqu'aux seins. Et le nez. Mme Mailer s'intéresse aux nez des autres, on dirait que le sien a été mangé par les vers.

– Ta femme ?

– Non.

Elle tourne la tête et crie à l'étudiant en adoration perpétuelle devant son pantalon :

– Tu l'achètes-tu ou tu l'achètes pas ? Je suis pas pour attendre toute la journée, moi. J'ai d'autres clients.

Et elle nous montre du doigt, Marie et moi. L'étudiant sort alors son portefeuille, dit timidement :

– J'ai que trois dollars. Je peux pas vous donner plus.

– C'est quatre piastres ou rien. Faut que je paye mon loyer comme les autres.

(Et il y avait cette odeur moisie du vieux linge et les rats creusant des niques au fond des caisses de carton et les dents, à la tombée du jour, qui faisaient des trous dans les sous-vêtements jaunis et féminins et les passants s'arrêtant devant la panshop, jetant un coup d'œil à l'intérieur mais n'osant pas : « Ayez pas peur. Entrez, je vous mangerai pas : j'ai mes sandwiches. » Cette lente coulée de mes jours. Ces méditations dans le coqueron de l'arrière-boutique tandis que les senteurs de mets chinois venaient remplir mes narines et me faire des nœuds dans l'estomac.)

– Qu'est-ce que t'as de neuf, Jos ?

– Rien, de la petite vie, toujours.

Mme Mailer a posé sa grosse main sur mon épaule. Les ongles incarnés déchireront-ils la peau ? « Tu m'as refilé une bizeness qui marche pas bien bien, mais je t'en veux pas, mon Jos. » Elle se met à rire. Bouddha d'ombre aux dents si noires. Trou du cul du Bouddha. Qu'arrive-t-il du souffle de vie se réfugiant dans le bas-ventre ?

– Jos, est-ce que je t'ai dit que j'ai subi la grande opération ? C'est un vrai martyre, ils t'enlèvent tout, ils te brûlent au cobalt, ça fait mal, tu peux pas savoir comme ça te fait mal ! Puis tu peux plus pondre, tous les hommes pourraient passer sur toi, ça te fait plus rien, t'es vide par en dedans, tu sens plus cette partie-là de ton corps. Puis tu saignes même plus. T'es morte de là si tu veux tout savoir.

Marie m'a pris la main, a serré mes doigts. Pourquoi donc l'ai-je emmenée ici ? Pour quelle découverte cette descente dans l'enfer de la rue Craig ?

– Madame Mailer, veux-tu que je t'apprenne un secret ?

– Quoi donc, mon Jos ?

– T'es rien qu'une démone de sorcière !

Elle éclate de rire. Très gros rire se prenant dans ses cordes vocales et mourant dans l'étouffement de sa gorge grasse.

Puis Marie et moi nous sortons, contents de laisser Mme Mailer à son étudiant qui n'a encore rien acheté. Marie dit :

– Ça devait être dur pour toi de vivre là-dedans.

Je hausse les épaules :

– On s'habitue, Marie.

– Peut-être, mais moi j'aurais de la misère.

Marie, rappelle-toi de ce que tu me disais au Ouique. Souviens-toi du snack-bar dans le désert de Morial Mort, et ton père qui battait ta mère, et les patates crues que vous mangiez l'hiver parce que vous n'aviez pas d'argent. Elle dit :

– J'aimerais ça prendre un café.

– OK.

Nous marchons jusqu'au restaurant chinois. De la vitrine, je vois le vieux Lee penché sur sa caisse enregistreuse, une visière verte au-dessus de ses yeux. Le vieux Lee fera comme si c'était la première fois que je mettais les pieds dans son restaurant, il viendra vers nous, une serviette blanche sur le bras et, tout en nous conduisant vers une table, il nous demandera dans son jargon : « Cé poul'n dîler ? » Puis ses yeux se retourneront tout de suite vers lui-même pour mieux L'adorer – ce fils du ciel exilé dans la boursouflure de la Main. Le vieux Lee a hoché la tête : « Deux cafflés », et, dans son petit pas sautillant, il est parti vers la cuisine.

– Je voulais que tu voies ça, Marie. Je croyais que c'était important. Il y a deux ans de ma vie engloutis là-dedans et…

Je ne termine pas ma phrase. Marie, comment pourrais-je te parler de Belhumeur et t'en parler de telle façon que je le viderais de tout son avenir ? Marie, est-ce que tu sais ce que Belhumeur a fait un jour qu'il avait perdu toutes les pédales de son bicycle ? Il a loué une chambre sur la rue Saint-Laurent, il s'est déshabillé et là, devant un miroir, il s'est coupé les parties. Quand on l'a trouvé, il était allongé sur le plancher et baignait dans une mare de sang, sa queue dans une main et le couteau dans l'autre. Il souriait, à ce qu'on dit. Belhumeur détestait le sexuel parce qu'il était à la merci du sexuel. En fait, c'est pas tout à fait ça : Belhumeur m'a souvent paru être au-dessus du sexuel. Lorsqu'il est mort, il y avait déjà longtemps qu'il ne voyait plus de femmes, qu'il ne les désirait plus, qu'il était comme moi solitaire dans quelque coqueron du Grand Morial (mais Belhumeur me racontait souvent que la nuit il rêvait qu'il était dans un village inconnu et qu'habitant un tonneau, de vieilles femmes barbues sautaient sur lui et le débour-saient) –

– J'ai tant de choses à comprendre. Parle-moi de toi, Jos.

– Est-ce possible, ça, sortir du cercle de la mécon-naissance ? Que devient ce qu'on apprend aujour-d'hui ? Notre mémoire, est-ce qu'elle nous jouerait pas un tour vicieux pour qu'on reste tout le temps pris dans la gangue du passé et de l'irréalité ? Marie, je pense que je ne sais plus reconstituer le temps tel qu'il était en lui-même, que je me l'approprie et le dénature selon ce que je suis maintenant. Ce que je ne voudrais pas, c'est que mes vieux amis puissent être en mesure de savoir ce que je pense maintenant d'eux. Que croiraient-ils sinon qu'il s'agit de quel-qu'un d'autre ? Mais je sais qu'au fond ils ne se senti-raient pas concernés car quelle réalité peut donc avoir la perception que j'ai d'eux ?

Je vois bien que Marie ne comprend pas et que pour me faire plaisir (parce qu'elle ne demande pas mieux que de croire en moi), elle m'écoute religieuse-ment, ses deux longues mains croisées sur la table, et ses yeux fixés sur mes lèvres. Je pense : « Les hiboux ont-ils parfois des poussières dans l'œil ? » Puis Marie dit, en me serrant les doigts :

— Sois patient avec moi. J'ai pas l'habitude d'aller si loin. Je me sens un peu perdue. Pardonne-moi. C'est comme si tu me parlais des Martiens.

Le vieux Lee a apporté nos tasses de café. Quelques gouttes ont roulé dans les soucoupes parce que les mains chinoises tremblent.

— Je comprends ça, Marie. Je comprends ça très bien.

(Il faudra donc recommencer une autre fois mes lassants monologues. Il n'y a donc personne pour m'écouter ?)

Ce silence entre nous. Je pense aux parties de Belhumeur, je vois ses organes ensanglantés, je l'imagine qui traîne sur le plancher de la minable chambre de la rue Saint-Laurent, et toute sa vie, comme un spasme ultime, pisse par le trou maudit. Non, j'aurais pas dû emmener Marie avec moi. Cette journée va me lier à elle maintenant et je vois déjà d'ici les complications qui ne manqueront pas de survenir à cause de sa présence tenace. Elle dit :

— Est-ce qu'on s'en va astheure ?

— Je pensais qu'on irait manger avant. Puis voir un film.

— J'aimerais mieux rentrer tout de suite, Jos. Ou aller chez toi. Tu m'as jamais invité chez toi. On devrait prendre un taxi. On paiera chacun sa part.

Je dis rien. Si loin de tout ça est ma pensée de reptile crasseux. Je fais signe au vieux Lee de venir à notre table. Le Chinois trottine jusqu'à nous, avec son éternel sourire qui lui découvre les dents :

— Vous voulez dîler maintenant ?

– Non, vieux Lee : faut qu'on s'en aille.

Il fait l'addition, le nez collé sur la facture. Bientôt, dans la rue, nous hélerons un taxi Diamond. Alors nos yeux resteront à jamais fixés sur les lumières de l'irréalité et les feux de position des voitures déchaînées dans la rue Sainte-Catherine. Regarde les gants blancs des policiers sans visage. Et l'obscurité, la même froide obscurité qui était là à l'origine de la misère du monde lâchant d'un seul coup les muscles de son écœurant sphincter. Regarde les passants noircis par la pieuvre-nuit. Regarde-les, Marie. Ils filent sous les moteurs aux ailerons rongés par l'oxydation et l'affreux malheur d'être de tôle et de rouler dans le calcium mangeant l'asphalte qui se lézarde. Décidément, les pièces de l'absurde puzzle se sont égarées dans le nombril du monde.

– À quoi tu penses, Jos ?

Je tourne le tête. Tant de néons sur Morial !

– Je sais pas.

Le chauffeur jette parfois un coup d'œil dans le rétroviseur. C'est Marie qu'il regarde, et les genoux de Marie sur lesquels je pose ma main. L'auto-taxi file entre les autres voitures, tout en accélérations puis en ralentissements. Les freins grincent. La radio dit : « Un pick-up rue Ontario, au coin d'Iberville. »

Et voici maintenant le train qui passe au-dessus du viaduc, avec ses maigres wagons. Ces rails rouillés comme des vers de terre jetés sur la ville. Je regarde les aiguilles phosphorescentes de ma montre.

– Dans cinq minutes, on va être arrivés.

C'est tout ce que j'ai trouvé à dire à Marie dont le corps est tout près du mien maintenant. Elle dit :

– Ça va bien, Jos. Ça va bien.

Le taxi a stoppé devant la porte de l'appartement. Nous sommes descendus. Toute cette tranquillité quand c'est l'heure de la soupe. Que des fourchettes rompant la fixité des choses. Je pousse Marie devant moi, ferme la porte, ouvre la lampe. Serait-elle étonnée parce qu'il n'y a rien dans la pièce, que ma chaise pliante au milieu du salon et que les livres ceinturant les murs (et la photo de grand-père épinglée sur le commutateur électrique) ?

— C'est pas très beau, hein ?

— Original, Jos.

Elle fait le tour de la pièce, jette un coup d'œil aux livres empilés jusqu'au plafond. Elle pousse du pied la chaise pliante :

— Est-ce que tu as lu tout ça ?

Ses longues jambes écartées devant la fenêtre.

— Une bonne partie, oui.

— Pas croyable. T'es une bolle, Jos.

Je regarde passer cette provocation qu'elle se fait d'elle-même et le désir me brûle bientôt le ventre. Mais cette blessure au bout de la queue, la cicatrice de l'humiliation faisant un serpent sur ma peau rose ? Se pourrait-il que j'aie souffert pour rien pendant toutes ces années ?

Je marche jusqu'à la garde-robe, prends deux coussins que Mam m'a donnés quand je suis parti de la maison, et je les installe à quelques pieds du Bouddha.

— Ça te fait rien de t'assire là-dessus ?

— Sûrement non, Jos.

Nous nous assoyons l'un à côté de l'autre, à l'indienne. Sur le mur, les flammes de la bougie que je viens d'allumer dessinent des volutes d'ombre.

– Pourquoi tu vis seul?

– Je sais pas. C'est arrivé de même.

Dehors le vent s'est mis à siffler. Nous l'entendons qui s'immisce entre les fentes de la fenêtre. Cette odeur du corps de Marie qui se mêle à celle de l'encens.

– Tu boirais quelque chose?

Elle avait fixé ses yeux sur le Bouddha vert. Perdue quelque part en elle. Elle dit:

– C'est assez effrayant, cette statue.

Je me lève, vais à la cuisine et fouille dans l'armoire. Malcomm a tout bu avant de mourir dans ma chaise, il ne m'a rien laissé – quelques gouttes de petit blanc, de quoi boire durant dix minutes à petites lampées. Tandis que je lave les verres, Marie regarde les murs. De la Chine en porcelaine. Ses yeux sont pareils à deux billes dans le noir de sa face. Ne me supplie pas, Marie. N'attends rien de mes gestes. Ne vois surtout pas ce qui peut être vu dans ce mouvement que je fais vers tes surfaces cachées. Tu n'aurais pas dû mettre toute ta complaisance en moi.

Elle a ouvert un livre sur l'extase et lit à voix basse.

– T'arrives à tout comprendre ça, Jos?

Elle a soufflé sur la poussière et replacé le livre sur la tablette. Ses joues me paraissent aussi grosses que le masque d'Afrique pendu au-dessus de la porte. Faudrait que je dise à Marie que je ne peux rien pour elle parce que nous n'attendons pas du monde les mêmes manifestations – toujours l'ombre de Malcomm enterré dans le froid de l'automne, et Belhumeur se frappant la tête sur les murs du Saint-Jean-de-Dieu de sa folie, et mon frère Abel rempli de haut-le-cœur pour avoir trop bu d'indifférence, mon frère Abel qui vomit sur ses cuisses dans la chambre nue qu'il a louée rue Saint-Denis, mon pauvre frère Abel qui tape sur sa machine en avalant les barbituriques de l'écriture monstrueuse se saisissant de son corps pour le broyer dans le feu de la gloire à fonds perdu. Si malheureux Abel ! Devras-tu toi aussi y laisser ta peau, devenir le Malcomm ou le Belhumeur d'un autre moi-même se cherchant dans les meurtrissures de la dépossession ?

Sur le rebord de la fenêtre, trois poires achèvent de pourrir, que je ne mangerai jamais.

– Marie, qu'est-ce que t'attends de moi ?

Elle me regarde, boit une gorgée de petit blanc :

– Je sais pas, Jos. Je veux pas encore savoir.

Je dis une banalité pour ne pas avoir à avouer autre chose :

– Marie, faudrait que tu comprennes que je pourrai jamais te rendre heureuse.

– L'important, c'est que je sois avec toi.

Nous laissons passer les heures, silencieux et laids l'un près de l'autre. Marie s'allume une cigarette, puis une autre, puis une autre encore. L'encens fait éternuer. Le bout de son nez est luisant et rouge. Tout est confus dans l'obscurité car il y a longtemps que la bougie s'est éteinte. Qu'attendons-nous qui ne peut pas venir cette nuit ? À quel simulacre de sacrifice Marie se plie-t-elle en victime propitiatoire ? J'ai l'impression que je la tue, ou plutôt que je la fais lentement à mon image. (Lui mettre s'il faut des crochets dans les mâchoires pour l'empêcher de parler.) Elle souffre en pleurant, ses mains tordues par son angoisse. Nous avons déjà vécu cette veille des dizaines de fois et rien n'en est sorti car nous avons tous les deux compris qu'il nous est impossible d'arriver au bout du rouleau de nos rêves.

Il y a des pas dans l'escalier, puis de nouveau le silence et les yeux fixés sur le Bouddha.

– Il faut que je parte maintenant.

Je ne la retiens pas. Marie sait d'ailleurs que je ne chercherai pas à la garder à mon côté. Elle a compris que ce soir je dois prier pour la rémission de mes fautes. Elle se lève, me donne la main. À son doigt, la bague luisante lance des cercles de lumière bleue.

– Je suis patiente, Jos, et je saurai attendre.

Je l'embrasse sur la joue. Puis elle s'en va sur le trottoir, à petits pas rapides. Elle aussi si seule dans tant de brouillard.

IV

J'écrase mon crâne et l'étale devant moi
aussi loin que possible et quand c'est
bien plat, je sors ma cavalerie.

HENRI MICHAUX, *La Nuit remue*

Je lavai les deux verres sous l'eau froide du robinet, jetai la bouteille dans la poubelle derrière la porte, enlevai les coussins, replaçai la chaise pliante au milieu de la pièce, coupai un morceau de fromage et revins m'agenouiller devant le Bouddha de plâtre et l'encens qui brûlait dans le vase sacré. La méditation se refuse, elle est difficile à dominer. Le rêve est comme un serpent venimeux qui me montre sa langue dorée et fuit sous les piles de livres. Alors je fixe la flamme de la bougie et, au lieu de me concentrer, je prête l'oreille à tous les bruits, me laisse aller à toutes les distractions qui me montent à la tête tandis que la flamme me liche rageusement le cerveau.

Et toujours cette sacrée vision de Malcomm au fond de l'illusion. Pourquoi y a-t-il eu cet esclave d'Amérique affolé par la pendaison de ses génitoires à l'extrémité de la corde d'argent cassée ? Je vois les pieds agiles de Malcomm giguant sur la table de la taverne et ses mains longues et effilées comme des rasoirs et son torse nu et musclé sur lequel vient pleurer Marie, la pécheresse, celle qui a donné son âme aux diables verts de la prostitution. Je vois Malcomm ivre qui gigue et gigue sur la table de la taverne. Elle va finir par se briser et Malcomm roulera par terre tandis que des verres de bière se videront et éclateront sur les robes neuves des filles qui regarderont le spectacle de Malcomm et applaudiront de leurs petites mains blanches, mains potelées, mains faites pour branler les queues chromées des pauvres Malcomm soûls et désireux d'oublier le poids du monde qui ne s'oublie pourtant pas.

Je suis maintenant toute la flamme de la bougie. Le feu me dévore le bas-ventre. Pourquoi ai-je laissé partir Marie ? Pourquoi lui ai-je donné le petit change de ma solitude ? Je tombe face contre terre à cause de la flamme de la bougie et, pendant un moment, mes yeux se remplissent de points noirs qui tourbillonnent dans la pièce. J'ai encore une fois perdu l'équilibre : est-ce donc si difficile d'apprendre à méditer selon les règles ?

Des éclairs mauves me traversent la tête, j'ai envie de vomir. Il me semble que c'est plein de zébrures qui me transpercent comme des décharges électriques. Lorsque je me relève, mon corps est en sueurs et mes oreilles bourdonnantes. Partout c'est maintenant la nuit et la possession de l'ombre du monde couché sur le ventre dans des petits lits aux poteaux de fer blancs. Je me déshabille, prends une couverture dans l'armoire, la dépose sur ma chaise pliante. Mais je ne veux pas dormir. Je reviens donc au lieu de ma méditation, devant le Bouddha de plâtre à qui je dois maintenant rendre hommage dans l'immobilité de mon corps lové sur lui-même. La paix va revenir et pénétrer en moi par tous les orifices de mon corps, par les yeux, par les oreilles, par la bouche, par le nombril, par la queue et par l'anus qui s'est ouvert comme le couvercle d'une boîte de conserve. Je m'élèverai dans les airs, nu et libre, et je monterai vers la face de Dieu qui doit être rutilante au fond de l'azur.

Puis je me mets à pleurer. Tout ça, ça ne peut pas m'arriver à moi. Je suis indigne de monter si haut.

Les chats hurleurs de l'espace me font des pieds de nez tandis que la terre disparaît dans le lointain de mes yeux. Il ne reste plus que du vide blanc et lorsque je me rends compte que mes yeux ne me servent plus à rien, je les dévisse de leur trou dans ma tête et les lance dans le feu des poussières cosmiques – je suis libre et pourtant enchaîné à ma montée vers la face de Dieu qui doit être rutilante au fond de l'azur. Et je monte toujours et la face de Dieu s'éloigne toujours. Dois-je comprendre que la face de Dieu ne rutile que dans l'azur de mon cœur ?

Il y eut ensuite la bougie qui s'éteignit, et mes yeux se revissèrent d'eux-mêmes dans le trou de ma tête. Je revins à moi, le cœur me battait aux tempes, il y avait de la bave sur mon menton, et je vis que ma queue était en érection, avait grossi et pris tout l'espace de la pièce. Je l'entourai de mes deux mains ouvertes et c'était brûlant et translucide. Entraîné par le poids de ma queue, je tombai une autre fois face contre terre, et je roulai sur le tapis poussiéreux, abruti par la violence de mes désirs – et je me laissai aller à moi-même, tournant comme un poulet embroché sur le plancher qui était comme une planche de fakir tressée de queues dorées que j'embrassai et que je me mis à mordre. L'épileptique était tombé au fond de lui-même, il barbottait dans la pisse et les excréments de la réalité, tous les membres de son corps agissant indépendamment les uns des autres. C'était le règne de la méditation folle alors qu'il y avait des craquements d'os et de muscles qui se déchiraient dans les convulsions de l'épileptique se vautrant dans ses détritus et pleurant : « Mam, je pourrai donc jamais fourrer, moi, dans la vie ? » – et les soubresauts, le doigt pourri fouillant dans l'anus, le jeu des fesses et de la langue et les paquets de sang giclant hors du trou du cul perforé et épinglé sur le mur des rêves.

Je me suis allongé au pied du Bouddha dont je distingue mal le regard dans l'obscurité. Je suis épuisé. Belhumeur prétendait que toute méditation véritable doit vous laisser absolument éreinté. De toute façon, sur la fin de ses jours, Belhumeur ne croyait plus à rien de ça. Fatigue des yeux et du corps, dispersion des sens, coulée du temps. Tout ça me paraîtra bientôt d'une absurdité sans nom et je glisserai dans l'écœurement, incapable de bonté vis-à-vis de moi. Je crains de toujours devoir commencer ainsi et de finir dans l'épuisement nerveux, comme Malcomm et comme Belhumeur, ces pauvres avortons de la recherche de moi-même englué dans le tabou et les tenailles d'un monde vampirisé.

Je songe à Marie qui doit être arrivée chez elle, Marie que j'imagine pleurant dans la solitude de son petit appartement de vieille fille, avec les fleurs fanées dans le pot sans eau sur la table du salon, et le chat couché dans le lit double, et la cafetière électrique qu'elle a oublié de déconnecter, et qui pue le café brûlé. La chaleur du petit appartement de Marie qui se déshabille, les larmes aux yeux à cause de cet après-midi manqué avec l'affreux Jos dont elle ne s'explique pas la froideur. La chaleur donc, cette chaleur poussiéreuse du système central encrassé, qui fait éternuer Marie étendue dans son bain où les Bubble Bath pètent dans l'eau en dégageant une subtile odeur de lilas. Marie pleure, elle pleure Jos, elle pleure les hommes qui sont venus partager avec elle son grand lit double. Elle se rappelle les odeurs fortes des aisselles mouillées, la sueur des entrejambes monstrueuses à cause des trop nombreuses queues fouettant l'air et son bas-ventre déchiré par les secousses sismiques du corps dépossédé et vrillant en elle sa vis de sperme, d'eau et de sang. Elle pleure les congrès buccaux difficiles, l'écrasement de sa face rougie sous les fesses violentes, et le liquide jaillissant de sa bouche, mouillant sa langue – cette colle Lepage du vice et de la perdition et de l'oubli et de la faiblesse et des manquements graves à la joie. L'eau de la baignoire refroidit lentement sur les jambes de Marie attentive à regarder son corps à moitié caché dans les Bubble Bath blanches. Plus de poils sur le mont de Vénus, que de la chair nue, que du léger gonflement d'ombre, que du rose, celui de la matrice s'ouvrant dans l'eau qu'elle aspire dans un bruit de succion : « Jos, je t'aime, Jos. » Marie se redresse, sort de la baignoire, s'essuie : « Jos, je t'aime, Jos. » Le grand miroir derrière la porte lui renvoie son image, la perfection encore troublante de ses formes, ses gros seins maternels, son ventre aux quatre plis de la peau quand elle se penche et regarde ses genoux. Les yeux de Marie sont si rouges qu'ils brouillent la vision qu'elle a d'elle : « Jos, je t'aime, Jos. » Un speaker, quelque part dans l'immeuble, hurle le résultat des courses de chevaux tandis que dans la rue le bruit des klaxons se perd dans l'éclatement des voix ivres : « Jos, je t'aime, Jos. » Marie s'est couchée dans son grand lit double. La voilà enfin complètement nue et complètement belle, presque irréelle dans l'immobilité de la nuit qui la recouvre comme un lourd Grec aux mâchoires pourries. À peine les épaules de Marie et ses seins sautent-ils à cause des sanglots lui raclant la gorge : « Jos, je t'aime, Jos. » Et le grand lit double tourne, étourdit Marie qui perd la tête, se met à geindre comme un chien fou, à quatre pattes dans son lit double qui est le lit de la mort de son amour pour Jos. Marie se lève, ses pieds nus font floc floc sur le plancher, elle fouille dans l'armoire, prend, après l'avoir tâté, le fiasque de petit blanc et revient se coucher. Elle a mis une suce au bout du goulot de la bouteille et tète l'alcool tout en s'onanisant, les jambes écartées et les reins soulevés par une taie d'oreiller : « Jos, je t'aime, Jos. » Et la joie l'envahit, par ondées lumineuses, s'empare de son ventre, crève la peau de ses seins : « Mange un char de marde, Jos. Je jouirai ben sans toi. » Et le sommeil la revire à l'envers, dans l'amas de ses organes douloureusement étendus à côté d'elle, et faisant des taches malodorantes sur les draps blancs.

Avant qu'il ne se suicide, Belhumeur venait souvent me voir au beau milieu de la nuit. Il s'assoyait devant moi, à l'indienne, fumait une rouleuse et me racontait son appréhension du monde. En un sens, Belhumeur est allé beaucoup plus loin que moi, il a écartelé les cuisses de la méditation comme un acrobate désorganisé. Belhumeur disait :

– Le spectacle du monde s'est détraqué. Tous peuvent le grimper et se l'approprier et lui faire des pompiers. Ç'a n'a plus de sens, pas plus la bêtise que le vrai. Mais pourquoi appeler le déluge de feu quand à l'aube je serai mort dans le grand couloir du mal ? Des vieilles femmes vont me sauter dessus, se saisir de ma queue noire et se crosser avec. Il n'y a pas de réalisation, Jos. Tout ça c'est de l'illusion. Il n'y a que la douleur de l'impossible, que le poids de la conscience saignée à blanc, que le vide du vide.

Et nous partions à rire et j'allais vers le Bouddha de plâtre devant lequel je faisais brûler un autre carré d'encens qui faisait éternuer Belhumeur.

Je voudrais dormir mais j'en suis maintenant incapable. Mon esprit est surexcité et je regarde dans le noir pour faire reposer mes yeux fatigués. « Dors, Jos. Dors donc, Christ ! » Ma chaise pliante craque. Déjà un filet de jour tombe du store. Ça va être dimanche aujourd'hui.

Le concierge vient de se lever après une nuit sans rêve. J'entends son pas lourd sur le plancher. Il a dû mettre ses bottes comme il fait tous les dimanches d'automne : « Moi, monsieur Beauchemin, mon sport c'est la chasse aux perdrix. » Demain, sa femme viendra frapper à ma porte, elle dira : « Jos, viens-tu manger avec nous autres ce matin ? On a de bonnes poules que Lucien vient de pogner. » Le bruit lourd d'une boîte de conserve qu'a échappée Lucien, qui roule sur le plancher et qui s'arrête contre l'une des pattes de la table chromée. S'ouvrir à la méditation comme une fleur de lotus, mais le lotus c'est quoi ?

Des pas dans l'escalier. Dans l'église Notre-Dame-des-Neiges des Trois-Pistoles, il y avait un vieux tambour à la peau crevée. Une porte qui s'ouvre dedans. Sans doute les perdrix se cachent-elles déjà sous les branches des longs sapins givrés, apeurées par les carabines crachant le feu.

– Jos, je t'aime, Jos.

Encore une fois, j'ai voulu me laisser glisser dans l'ouverture de la méditation mais la face de Marie est encore venue troubler le jaillissement de mes pensées.

« Om mani padme hûm. » Belhumeur psalmodiait ça en se tenant les deux seins qui étaient gonflés et lourds comme des seins de femme fécondée. *Om mani padme hûm*. La parole magique, le sésame ouvre-toi de l'incantation :

– Dis chaque mot lentement, assieds-toi dessus et fais juste penser à eux autres. Détache les syllabes, prends-les dans tes mains, triture-les, détruis-les, puis recompose-les, fais-les revenir telles qu'elles sont en elles-mêmes. Ce sont les paroles de l'apaisement. Concentre-toi, vieux Jos.

Om donc. Un grand Christ crucifié dans l'espace immobile, le fils de l'Homme écartelé sur la roue de l'absence, et moi tout petit, et moi comme un pou de baleine dans les poils de sa barbe de queue, et moi suçant son sang d'éternité, me glissant dans sa peau, dans les plaques rougeâtres de sa peau psoriadisée, et moi hurlant à cause du goût de son sang inondant mon corps de fou malheureux de dormir sur la queue barbue de Christ crachant ses dents.

– Mais la médidation, Belhumeur ? Où elle est, la méditation, dans tout ça ? Ce n'est plus imaginer que je veux, c'est connaître le secret du bout de la queue de Christ.

– Sois sérieux, Jos, et continue ta méditation. Fais pas ta tête de cochon.

Je me suis agenouillé devant le Bouddha, j'ai fermé les yeux à cause du jour qui se levait tranquillement derrière le store jauni.

Mani donc. Un sac, un immense sac plein de chatons aux yeux verts que Jean-Maurice et moi allions noyer dans la Boisbouscache de Saint-Jean-de-Dieu. « Jos, c'est pas grave de neyer des chats. C'est des petites bêtes poilues qui ont même pas encore les yeux ouverts. Et puis, Ernest leur a mis des anneaux dans le cou, les chats pourraient pas grossir, les chats pourraient pas faire autre chose que de mourir étouffés. »

Mani donc. Les lacs sombres de la pensée maniaque me fourrant des coups de pied dans le cul : « Mam, est-ce que tout le monde ont peur des crapottes ? Mam, pourquoi est-ce que Pa reste des heures debout dans la porte du poulailler ? Pourquoi qu'il vient pas manger ses toasts dorées avec nous autres ? Mam, est-ce que c'est dur d'aller aux bécosses quand on a rien entre les jambes ? Est-ce que c'est pour ça que vous êtes obligée de vous asseoir sur le banc comme ma tante Marie ? Mam, j'y arriverai jamais. Les fous, ça médite pas, ils ont le cerveau trop crinqué. Aide-moi donc, Mam. »

Mani donc. Le manitou peinturluré et étampé sur la porte de mon moi aux jambes crochies. « Marie, sors-moi donc de ce trou du cul de rêve puant ! Marie, je veux plus méditer, je veux m'enterrer avec toi dans la fornication. »

Mani donc. Les chatons dans le sac lancé par le gros bras à Jean-Maurice, lancé dans la Boisbouscache. Les chatons avaient même pas eu le temps de miauler, la mort leur donnait une grande claque sur la nuque et, à cause des cailloux dans le fond de la poche, ça coulait à pic dans le lit profond de la rivière. « Eh ! Jos, viens voir. » Je courais vers Jean-Maurice comme vers un dieu et savais, au fond de moi, qu'il allait me rendre fou, qu'il ferait jaillir le sang dans mes yeux. « Regarde ça, Jos. » Mes yeux s'étaient ouverts sur un bâton tenu par le gros bras à

Jean-Maurice. Ce pauvre cadavre de chaton à moitié décomposé, le cou brisé par l'anneau rouillé, et des vers blancs et longs qui brillaient dans les ouvertures du ventre. « Regarde ça, Jos. Regarde donc. Y a plus de petits chats, ça existe pas les petits chats. »

Padme donc. Les oiseaux aquatiques aux longues palmes glissent sur les eaux pourrissantes du monde d'en haut, cette mer de tous les rêves. Les flots du songe agitent leur chevelure rouge et vibrante comme une queue de comète – et les anges du vice, à genoux devant moi, pleurent et me tirent les poils mouillés du pubis. Belhumeur disait :

– Faut aller au-delà du mot afin que parle le silence. Faut méditer, Jos. Sans relâche et sans peur. Pour le monde en train de se défaire.

Belhumeur croyait qu'il allait mourir parce qu'il n'était plus capable d'imaginer, son âme étant devenue le désert de Gobi. Dunes de sable sans direction ni lieu, particules grises prises dans la gorge et asséchant la luette sacrée qui était le siège de ses rêves dévorés par le cancer. Et ce silence impersonnel qui lui brisait la nuque dans la chambrette misérable de la rue Saint-Laurent, le Petit-Gibet de sa honte, le Petit-Gibet de sa mort d'alcoolique délirant.

– Est-ce qu'on peut mourir dans l'absence, Belhumeur ? Est-ce qu'on peut devenir l'oublié de soi-même, et disparaître dans la poche creuse du mutisme ?

– Tout me devient transparence, Jos. Il me semble que j'habite un tonneau de verre et que je suis moi-même du verre sans énergie. La mort est là dans le miroir, la mort est là et elle me parle. Elle te parle aussi, Jos, car je la représente. Et la mort, c'est rien que du verre s'émiettant, que la sécheresse de ma gorge plumée de sa luette. Jos, mon moulin à paroles s'est décrinqué, j'inventerai plus jamais rien.

Padme donc. Ce mot me laisse froid, absolument. J'arrive pas à en faire de représentation en moi, c'est un mot vide, un mot d'Orient. Pourquoi mon esprit persiste-t-il à me faire voir des joueurs de hockey aux jambières tricolores? Et les voilà qui courent sur une surface glacée où par milliers pourrissent les ailes des saints anges argentés.

J'ai pas le courage d'aller plus loin, c'est-à-dire que je suis fatigué, que l'épuisement a envahi jusqu'à mon cerveau. Maigre je deviens. Je sens mes os sous la peau de mes côtes. Depuis un mois, mes extrémités se mettent à trembler quand l'aube viole l'intimité du salon obscur et puant. Deviendrai-je comme grand-père et finirai-je dans le haut mal de Parkinson? Et je ne parle pas des étoiles blanches qui dansent dans mon regard terrorisé.

Il fait jour maintenant. Du soleil plein la fenêtre, des bruits de pas au-dessus de moi et le broyeur de légumes qui vibre sur l'armoire. Des cris d'enfants mal nourris, à la voix dévitaminée. Du monoxyde de carbone qui salit le vieux rideau et me fait éternuer. Et la faim tordant son long ver baveux au fond de mon estomac.

Je m'allonge sur le tapis, le sang me monte aux tempes. Je laisse mes muscles se délier. En fermant les yeux, j'emporte dans une dernière vision les étagères poussiéreuses qui sont pleines de livres brisés dans leurs tranches. Misérables sont les échines de papier jauni et puant la moisissure.

Ne penser à rien d'autre qu'au mystérieux système charriant dans mon corps les eaux de ma vie. Me laisser envahir jusqu'à la fin des temps par du bien-être social. Seule ma queue s'est dressée, petite colonne de veinules blanches. Et les génitoires gonflées et lourdes dans le creux de mes mains tandis que la pensée de Marie effleure ma queue et gifle le bulbe cicatrisé. Quelle délivrance devrais-je attendre de l'aube fornicatrice ? Le sang grossit mes bourses dont les deux marbres gigotent : « Laisse-toi donc fourrer, Marie. » Elle dit : « Mais l'enculage, c'est pas mon fort. Le trou du cul, Dieu l'a créé pour excrémenter. Il l'a pas créé pour recevoir de la décharge. »

Om mani padme hûm. Le livre est ouvert à côté de moi, à la page dix-neuf. Mais j'avance pas, je suis trop fatigué et mon cœur se débat dans ma poitrine malade. Image usée de la station de métro Henri-Bourassa où j'ai perdu connaissance à cause du vent brûlant mes poumons. C'était dans l'escalier mobile à la fin du long corridor froid dont le plafond est plein de lézardes dégoulinantes. C'est dimanche aujourd'hui.

Je me lève, prends ma montre sur la chaise pliante, la noue autour de mon poignet velu. « Il est sept heures, Mister Jos. » Je vais à la salle de bains, fais couler l'eau dans la baignoire ivoire et craquelée. Des caillots de rouille flottent à la surface. Je suis nu. Je me vois tout entier dans le double miroir. Malgré ma laideur, je trouve que mon corps est beau, presque athlétique – un corps d'homosexuel à la retraite, avec des fesses lisses et fermes. Ah ! le petit galbe pornographique dans le double miroir ! Mais j'aimerais voir l'anus en train de s'ouvrir pour laisser passer mes vents et mes détritus. Ai-je déjà dit que quand Malcomm était soûl, il se déculottait et se crossait dans les toilettes du Café du Nord où un vieil homme, feluet Nègre recouvert de ballons, de jeux de cartes cochons et d'images de femmes nues au mont de Vénus noir ou au vagin ouvert, souriait de toutes ses dents jaunes, un cigare dans la bouche (mais toujours éteint, le cigare) et une cicatrice au-dessus de l'œil gauche ? Le Nègre n'acceptait que les pourboires de cinquante cents et crachait sur le plancher de ciment quand on ne lui donnait rien après s'être tenu la queue dans la pissoire pleine de boules désodorisantes.

Je suis entré dans la baignoire, me suis détendu, ai laissé l'eau douce me pénétrer. Je lis. *Dans la* Mândûkya-Upanisad, *la syllabe OM est analysée dans ses éléments vocaux, d'après quoi le O est considéré comme une combinaison de A et de U, de sorte que nous sommes en présence de la plus haute conscience, ainsi qu'il suit : A comme la conscience de la veille, U comme la conscience en état de rêve et M comme la conscience du sommeil profond, tandis que OM, en tant que totalité, constitue l'état de conscience cosmique, ou quatrième état qui englobe tout et dépasse toute expression. C'est la conscience de la quatrième dimension.*

L'infini, donc, l'innommable, l'indésignable, l'inatteignable. Autrement dit, ce contre quoi je me ligue et me bats avec désespoir, moi petite particule incorporée à la troisième dimension, la dimension des rampants ayant le nez collé sur leurs organes et ne percevant plus rien à cause de la pollution, du Géritol et des cyclamates, moi minus couché dans la boue et boue moi-même et affligé de cécité spirituelle et mort à la grandeur et mort au paradis de l'identité et de la non-identité et condamné à balbutier sans fin, ce qui me donne, dans cette baignoire d'eau parfumée, la chair de poule et la certitude que je m'éloigne de la lumière, de l'omniprésente conscience cosmique. Je vais mourir parce que je n'ai pas d'intuition. J'aurai bientôt fini le cycle de l'image et je sécherai debout. Le livre dit : « Rien n'est plus dangereux qu'un demi-savoir. »

L'eau chaude siffle en sortant de la champlure. Le swami hindou crie à Allen Ginsberg qui lui demande l'initiation :

– Retourne donc chez toi, pauvre amerloque, et fouille ton âme si tu crois en avoir encore une. Et ne me pose plus de questions stupides sur ton individualité de Juif corrompu et mangeur de tomates d'Amérique. Crisse-moi la paix et enlève tes poils d'humanité dans ma soupe. Pour qui vous prenez-vous, vous autres Blancs pansus qui venez à la queue leu leu quêter l'illumination ? Pauvres drogués ! Jouez un peu aux fesses dans les ruelles noires de Newark et laissez le brave swami à son lotus d'Orient.

De retour en Amérique, Allen Ginsberg se tape les fesses et dit dans un poème : « Je peux plus suivre. » Et les USA comme deux bonnes mains d'applaudissements pour Ginsberg tirant la langue.

Mon gros orteil bloque le trou du robinet (et voici l'ongle incarné au bout du pied gauche, la vision du sang dans la chaussure et la bouteille de Denis Cola qui m'est tombée dessus dans la cave du Morial Mort Supermarket).

Je songe à Marie. Je me dis qu'elle aussi est sûrement en train de prendre son bain. Ses longs cheveux sont comme des algues noires sous l'eau huileuse. Marie fait des rots. La bouteille de petit blanc s'est renversée dans le lit double, empestant la peau. L'odeur pourrie du sucre raffiné. Et le gros Westclock sonne sans arrêt sur la table de chevet. « Faut que je me lève, je travaille aujourd'hui. C'est moi qui ouvre le Ouique. Christ que j'ai mal à la tête ! » Le gros Westclock épuisé allongé de tout son long sur la table de chevet, a goûté au petit blanc et s'est mis, à son tour, à pousser de sonores rots. « Lève-toi, Marie. T'avais bien beau pas prendre de brosse, sodite salope de mon trou du cul. » Elle finira par se lever après avoir démêlé les ficelles de ses couvertures lourdes du sommeil alcoolique, puis elle se rendra jusqu'à la baignoire et fera couler l'eau. À genoux devant le bol, elle joindra ses mains enflées (le diabète peut-être ?). Puis elle se mettra à prier comme elle le fait tous les matins parce qu'elle croit à la prière, aux mécanismes de l'oraison qui la calme et lui permet d'oublier ses rots. Comme Marie, la wétrice bien-aimée du Ouique, a les yeux cernés ! « Les *Dimanche-Matin* vont être mouillés avec cette crime de pluie qui tombe ! » Elle s'est généreusement savonnée, entre les fesses surtout, là où le petit blanc a eu plus de prise et plus d'audace, et sur le mont de Vénus dont les poils sont mêlés et collés comme dans un pain : « Christ de boisson ! » Les rots font des cercles sur l'océan concentré dans la baignoire – et le Ouique qui n'est pas ouvert encore : « Si Jos peut venir au moins. »

Toutes nos contemplations religieuses commencent par OM et finissent par OM. Ça doit remplir l'esprit du pressentiment de l'éternelle plénitude et le libérer de l'égoïsme étriqué.

Le dimanche matin, je m'assois dans ma chaise pliante et je lis, je me laisse envahir par les mots, j'essaie pas de comprendre ce qu'ils veulent dire parce que je sais qu'ils signifient rien. Nous sommes tous embarqués dans le même bateau de l'illusion. L'âme humaine est un formidable songe creux. Toutes les formes vivantes et tous les objets de désir sont comme des nuages. Mais celui dont l'esprit est pur et vide de toute illusion, ni la naissance, ni la vie, ni la mort n'ont de prise sur lui. Comme dit le livre : *Si tu peux regarder toutes les richesses du monde comme quelque chose d'aussi irréel, indésirable et fâcheux que les cornes imaginaires de ta tête, alors tu seras libéré de la ronde des morts et des reconnaissances.* Voilà ce qu'il y a d'écrit dans le livre. Voilà ce que j'essaie de devenir. Mais est-ce déjà manquer d'humilité que d'être humble ?

Je laisse tomber mon livre. Je suis assez grand pour imaginer moi-même les formes de mon esprit capricieux. Je me vois tel que je pourrais être, un amas de cellules autonomes qui tiennent ensemble au moyen de la force magnétique, de sorte qu'il ne serait pas impossible qu'un jour je perde mes mains, ou mes pieds, ou mon sexe, qu'ils explosent dans l'espace et fassent de moi un infirme, un monstre – et l'on m'enfermerait alors à l'asile et l'on me vêtirait de la camisole de force et (si j'étais une femme) l'on me traînerait dans la salle blanche, m'étendrait sur une table, et malgré la souffrance de mon entrejambe, l'on me ferait la grande opération comme à Mme Mailer, comme à Mam prise du cancer de ses organes fatigués.

Je soulève le rideau jauni pour voir la vie hurlante dans la rue anonyme. Faut que je parte maintenant. Je déjeunerai au Ouique puis je rendrai visite à Mam. Peut-être se bercera-t-elle encore dans sa chaise et tricotera-t-elle inlassablement en regardant par-dessus ses lunettes. Peut-être priera-t-elle pour le salut de Jos et pour le salut de l'âme d'Abel.

Je me donne deux soufflets sur les joues : comment fuir les niaiseries de l'Œuvre ? Comment échapper à ma facilité qui m'empoigne aux chevilles et me fera culbuter, cul par-dessus tête, sur mon Bouddha de plâtre ? Comment me révéler à moi-même dans toute l'intégrité des mandalas nouveaux ? Quelle puissance démoniaque devrais-je appeler à ma rescousse ? « Fais de la musique. » Le monde est un fleuve au lit verdâtre qui coule sans cesse et qui ne s'arrête nulle part. Le monde est un fleuve qui charrie l'âme de l'univers mal formé et sans joie. Et l'incompréhension toujours, l'impossibilité d'être autre chose que ce pauvre Jos clignant des yeux devant la fenêtre de la chambre :

– Il est tard, Jos. Il n'y a plus de Révélation, tu es tout seul, et si petit, à peine né, et bientôt mort. Tu n'auras pas le temps. Désormais, personne n'a plus de temps. Nous entrons dans l'ère de l'impatience qui rapetissera le monde et le réduira à la grosseur d'une tête d'épingle, et plus minuscule encore, et plus misérable.

Pourtant, il y a la vie dehors, le soleil sur les bâtisses, les voix d'enfants aux lèvres lippues, les queues gonflées dans les vagins ronronnants. Comédie tout ça ? Absence de rigueur ? Perte de l'homme ?

Pourtant, il y a quatre milliards d'hommes chauves dont les boules de billard deviendront de l'esprit émasculé et de la matière grise pour troupeau. Pour rien tout ça ? Pour le gaspillage des énergies du monde qui étend son spectre sur la terre afin de la stériliser ?

Pourtant, pourtant ! Malcomm disait :

– Personne n'a plus de mission aujourd'hui. Tout ça est absurde et ne tient plus debout. La face de l'homme est une face de cochon mené à l'abattoir dans les hurlements de la souffrance. Pleure pas, Jos. Laisse-toi pas faire, prie, essaie de t'en sortir quand même, persiste. Tout ne vaut que par l'enthousiasme que tu y mets.

Il ne me reste plus qu'à m'habiller. Ma queue pend hors de mon pantalon. Je mets un chandail vert pomme, des sniques blancs, puis j'allume devant le Bouddha de plâtre la flamme de vie, et je sors. Le courant d'air.

V

Assis en train d'écrire des choses sur du papier. Au lieu d'enfoncer le crayon dans l'air.

BOB KAUFMAN, *Poèmes de prison*

Peut-être est-il neuf heures.

Je marche dans la rue Plaza, dans le silence et l'immobilité du matin, en direction du Ouique où je sais que m'attend pour rien une douce wétrice aux yeux lourds et à l'haleine puante. Pour me débarrasser de l'odeur de l'encens infestant mes poumons, je respire profondément. Et je souris à la tranquillité de Morial Mort, aux dernières fleurs évanescentes dans les parterres déjà jaunis, aux feuilles tombées du foyer de leur été, à la vie ralentie, comme souffreteuse, comme inconsciente encore, comme assommée par la nuit qui a fait sa résistance en elle et l'a longuement couvée. Œuf jaune de l'émotion retenue – et les papiers, les enveloppes de popsicle, les pages déchirées des journaux devant le salon funéraire, avec des hommes en noir sur le perron et des ombres derrière la lourde porte de verre. La mort toujours, enfermée dans le cercueil aux poignées d'argent qui brillent à cause du soleil, la mort-cancer :

– Un gros bouton sur le dessus du nez, qui n'a pas voulu guérir.

Puis l'infection, et la plaie, le creusage de la maladie dans le nez, le trou profond dans la figure, les yeux perdus au fond de la tête, les yeux aveugles. Le mal souterrain dans la face jaune et pleine de mort.

Mais dans la rue Plaza, la vie court, elle refuse l'immobilité de la fin, c'est toujours l'étrange matin recommencé. C'est pas encore cette nuit que le monde s'est détraqué.

Je marche en sifflotant. Et je revois brusquement l'image de Pa accoté sur la porte du poulailler, silencieux, perdu dans la contemplation des
poules picorant les grains d'avoine qu'il jetait par
grandes poignées sur le fumier. Pa qui tient ses yeux
fixés sur les bêtes idiotes, Pa qui les aime pourtant,
qui est heureux en leur compagnie, Pa oubliant grâce
aux poules ce qui se passe à la maison, les enfants
impatients de commencer leur déjeuner, d'envaler
leur bol de gruau et le grand verre de lait (impur le
lait, plein de détritus à peine visibles sauf si on mettait le verre en plein soleil; alors on voyait toute une
vie qui grouillait dedans) – Pa libre et ivre parce qu'il
avait devant les yeux toute la beauté du monde.

L'Italien est toujours là, dans la porte de sa pâtis-
serie. Il chante et me salue quand je passe devant lui
pour me rendre à la maison. Odeurs de friture.
Odeurs de dinde dorant dans le haut fourneau, son
ventre devenu farce à l'ail. Deux marches encore.

– Tiens, si c'est pas Jos.
– Bon dimanche, tout le monde.
– Ce baptême-là, il change pas.

La voix de l'oncle Phil Deux, qui est tout sourire à
mon endroit. Il me donne une généreuse poignée de
main. Une grosse main sale de ramoneur de cheminées
dans les Trois-Pistoles, une grosse main aux ongles
pleins de suie. Mais c'est aussi une grosse main d'ivrogne, tordue et comme moulée pour saisir au vol une
bouteille de bière. Mon invraisemblable oncle Phil
Deux au nez proéminent, à la bouche édentée, tout en
rides et en blagues. Le voilà enfin en vacances dans le
Grand Morial, en train de se bercer dans la cuisine,
face à Mam qui s'affaire pour le dîner. Abel est là aussi.

C'est la première fois qu'il vient à la maison depuis qu'il a publié ce roman où il est question de tous les Beauchemin, où il en est tellement question que Mam a passé des jours à pleurer :

– Je savais pas qu'on était si tristes et si perdus, Jos. Pourquoi c'est faire que nos enfants écrivent des affaires de même ? Et pourquoi notre pauvre Abel est-il si malheureux ?

Je m'assois devant la table, là où le *Dimanche-Matin* est ouvert de tout son long sur des photos de joueurs de hockey qui brandissent au-dessus de leurs têtes des bâtons trop courbés. Mam dit :

– T'as encore maigri, Jos.

– C'est ça qui arrive, baptême, quand on travaille trop, dit l'oncle Phil Deux.

Il est toujours en train de boire en se berçant de plus en plus rapidement, emporté par son élan, heureux comme un enfant, ça se voit. L'oncle Phil Deux tète le goulot de la bouteille et son gorgoton se soulève curieusement toutes les fois qu'il avale une lampée. Trois autres bouteilles sont déjà vides sur la table. Les yeux de Mam roulent dans leurs orbites, elle est furieuse : « Quel exemple est-ce que ça donne aux petits ? » Puis le silence après les banalités d'usage dites.

– Dînez-vous à la maison tout le monde ? dit Mam.

– Oui, Mam, dit Ernest.

– Oui, Mam, dit Jos.

– Oui, Mam, dit Abel.

– Oui, Mam, dit l'oncle Phil Deux pour blaguer.

– Mais vous allez à la messe avant ? dit Mam.

– Bien sûr, Mam, dit Ernest.

– Bien sûr, Mam, dit Jos.

– Bien sûr, Mam, dit Abel.

– Bien sûr, Mam, dit l'oncle Phil Deux pour blaguer.

– C'est à dix heures. Il serait temps que vous partiez, dit Mam.

Abel se lève et moi aussi. Seul l'oncle Phil Deux reste là où il est, continuant de boire sa bière comme s'il n'avait pas entendu Mam. Il fixe le petit bateau sur la bouteille, me fait un clin d'œil, serre le goulot entre ses dents puis, levant presque imperceptiblement une jambe, lance un vent dont l'odeur pourrie fait grimacer Mam :

– Il est dix heures moins cinq, les enfants.

Nous marchons, silencieux et mal à l'aise parce qu'il y a des mois que nous n'avons pas été ainsi côte à côte dans la rue Monselet, en direction du Ouique où Abel et moi entendrons la messe de dix heures. Après la publication de son roman, Abel a fui dans le silence d'une petite chambre de la rue Saint-Denis, malheureux comme tout à cause de l'accueil qu'on avait fait à son livre et de la peine qu'il lisait dans les yeux de Mam. Mais ce silence avait sans doute une plus grande profondeur de sens, je connais un peu mon frère Abel. Peut-être pensait-il comme moi à Saint-Jean-de-Dieu. Abel tout petit, dix ans peut-être, et moi presque déjà un homme, trop grand pour mon âge. Une nuit, dans le dortoir où nous dormions tous dans de grands lits doubles, sauf Abel qui en avait un tout petit, je m'étais rendu auprès de lui, l'avais réveillé, lui avais mis ma queue dans la main, lui avait dit pendant que je le caressais : « Tire lentement, Bibi. Moi ça va plus vite que pour la tienne. » Il avait dit, en s'appliquant : « Et c'est bien plus gros. » Je devais être monstrueux avec ma queue velue alors que lui, il n'avait encore rien, qu'il était la nudité même, et la douceur. Et il continuait, inlassable, me masturbant en ayant soin de toujours tenir le gland à découvert ainsi que je le lui avais enseigné, mais il faisait trop noir et dans l'obscurité ma cicatrice était invisible. Abel avait beau promener le bout de ses doigts sur le velours humide de ma queue, il ne pouvait pas se rendre compte. « Avec tes deux mains, Abel. Pour la fin. » J'entendais sa respiration sifflante. Et sa queue, c'était tout petit dans ma main et presque englouti sous mes doigts s'activant : « Je t'ai eu, Jos. Voilà que tu pisses sur mes doigts. »

Quelques gouttes de sueur sur le front très pâle d'Abel. Ce beau front sans rides encore, vaste comme une mer, mais légèrement difforme sur le côté droit à cause de la naissance difficile et des mains gantées du médecin voulant aider à la délivrance mais s'y prenant mal et coinçant la grosse tête rouge dans le vagin étroit. La barbe d'Abel est inégale, parsemée de poils roux et blancs sur le menton qui ressemble à de petites fesses mal formées – les fesses d'un fœtus de cinq mois peut-être. Mais ses mains sont belles, sans veinules, avec la cicatrice mauve entre l'index et le majeur (coup de hache autrefois dans le champ alors qu'il fendait du bois). Se rappeler ainsi tout notre monde par l'instant. Je dis :

– Qu'est-ce que tu deviens, Abel ?

– Je laisse courir, je fais parfois un article pour le journal, je vois des choses, je vis en quelque sorte.

– Et les romans ?

— Faut bien que je continue maintenant que ça s'est mis en branle.

Je vois le soleil derrière les nuages lourds comme des bouffées de fumée, et le vent qui soulève les feuilles mortes entassées près des caniveaux ou des entrées de garage. Visions fugitives à verser au dossier de ce qui sera bientôt oublié. « Rien est important, Jos. C'est toi-même qui disais ça, tu t'en souviens pas ? »

Difficile Abel. Intouchable et inatteignable Abel. Homme des fuites, homme ailé volant au-dessus de l'enthousiasme. L'hérédité sans doute, le penchant maladif de Mam s'isolant dans la prière et la contemplation d'elle-même. Il fallait ce dimanche pour que je la revoie telle qu'elle m'est apparue le jour de mon sixième anniversaire, le jour de la mort de grand-mère, à Saint-Jean-de-Dieu s'éveillant avec le matin. Peut-être même faisait-il déjà soleil dehors mais, dans la maison, il y avait encore toutes les odeurs de la nuit. Le chien jappait dans la grange, le museau ensanglanté par les piquants d'un porc-épic. Ah ! les vieilles senteurs de bouses de vaches sous lesquelles grouillaient de gros vers rouges ! Et Pa, je vois Pa monter l'escalier de son pas pesant, je l'entends nous dire : « Votre grand-mère vient de mourir ce matin. Descendez maintenant. » Dans le silence, je me lève, vais à la lucarne, regarde dehors, vers le pont couvert et la Boisbouscache encalminée et verte : était-il possible de mourir à l'aube d'une nouvelle journée, de quitter le monde au petit matin ? Et qu'allait-il adve-nir de la Boisbouscache serpentant au-delà de l'éta-ble, au-delà de l'horizon même quand je serais vieux et mort ? « Dépêchez-vous, les enfants. Venez manger », avait dit Pa en faisant branler la rampe déglinguée de l'escalier. Je m'étais habillé en vitesse (j'avais donc oublié les robbers et Charles égaré dans les bois, perdu, noyé dans la rivière et ne laissant de sa vie que ses robbers remplis de mûres, et qu'il avait accrochés à un arbre ? Pleurer). Après avoir descendu l'escalier, j'étais passé dans la chambre de Mam pour me rendre à la cuisine. Elle était assise dans son lit, comme une Indienne, avec les jambes repliées sous elle. Elle sanglotait, des larmes roulant de ses yeux noyés dans la rivière de son désespoir, exactement comme Charles se gonflant et bleuissant au fond de l'eau. « Reste icitte, Jos ! Reste donc icitte ! » Mais je courais dans le champ de luzerne, à perdre haleine, avec la face de la mort collée dans mes yeux, la face de la mort pleurant dans mes yeux aveugles : « Mam, c'est donc la vie qui fait juste mourir partout et tout le temps ? »

L'envie de rappeler tout ça à Abel me vient, au beau milieu de la rue, sans me préoccuper des automobiles décapotables qui filent à toute vitesse, ni des enfants debout sur les pédales de leurs bicycles, ni des passants faisant tinter les pièces de monnaie au fond de leur poche.

— Jos, tu devrais te laisser pousser la barbe, t'habiller avec une grande robe, mettre des sandales et prêcher la bonne nouvelle.

Il sourit, Abel. Incapable d'être totalement lui-même, incapable de converser sérieusement, d'accepter la vie peut-être. Ou molle fatigue de trop songer, de trop écrire dans sa chambre mal éclairée de la rue Saint-Denis, bruyante et étouffante chambre, avec des cafés bus l'un après l'autre pour ne pas s'endormir sur la page commencée, mal commencée parce qu'il lui est impossible d'y trouver une fin, donc de se libérer, de tomber sur son lit aux ressorts défectueux qui lui entreront dans les côtes pour la nuit dure à cause de la fille venue se déshabiller devant lui, venue satisfaire le désir, venue s'offrir pour le sacrifice de la jouissance, venue s'écuisser pour lui redonner courage et pour qu'il ne se sente pas complètement abandonné dans sa maison.

(Le très long silence.)

Et voici encore et toujours le Ouique, la raison sociale illuminée, les mouches qui, dans la vitrine, marchent sur les immenses pots de cornichons ou de piments rouges, les faux sundaes de plastique aux couleurs fanées par le soleil, la vieille carte des menus jaunie mais jamais remplacée, avec les prix qui ne veulent plus rien dire et, loin derrière, la face pâle de Marie en train de passer son torchon sur le comptoir. Elle fait attention pour éviter les clients qui ont étalé devant eux le *Dimanche-Matin*, et qui boivent un coke dans l'attente de la fin de la messe. Et plus loin encore, le visage plein de sueur du gros Sam mâchant son chewing-gum rose. En se tapant sur la bédaine, Sam dit:

– Il y a un bon bout de temps qu'on t'a pas vu Abel. Étais-tu en prison?

Il se met à rire. Abel répond par un vague salut de la main, puis nous nous assoyons au fond du restaurant, à l'écart, devant cette table que Marie nous arrange avec empressement. Elle est pleine d'attention pour Abel qui lui a toujours beaucoup plu. C'était en ce temps où Abel aimait les femmes et se laissait fasciner par les danseuses aux grosses fesses obscènes. Voilà d'ailleurs pourquoi il s'entendait si bien avec Malcomm. Abel dit:

– Toi, Jos, tu t'arranges comment?

– Je vis seul, et je travaille, et je prie.

Nous n'irons donc plus jamais au-delà des banalités ? Frère Abel, ce temps des longues discussions durant lesquelles je mettais mon cœur à nu pour que tu saches que je t'aimais, ce temps sacré serait-il donc à jamais interdit ? Oublions le livre, Abel. Tout le monde l'a oublié à la maison, tout le monde ne se rappelle plus que tu es capable de cruauté, tout le monde t'a pardonné. Il y a de toute façon des choses plus importantes que ça. Si jeune Abel, et si désespéré et si perdu au fond de la moiteur de ta pensée ! Je voudrais t'aider.

Nous buvons notre café sans rien nous dire, en nous regardant à peine. Des étrangers, voilà ce que nous sommes devenus l'un pour l'autre.

– Pourquoi tu parles pas, Abel ?

– Je sais pas, Jos. La solitude peut-être. À force de vivre avec elle, j'ai perdu le goût de parler.

Après s'être essuyé la face dans son tablier blanc, le gros Sam est venu s'asseoir avec nous.

– Apporte-moi donc un café, Marie.

Il nous regarde tous les deux, Abel et moi, comme si c'était la première fois qu'il nous voyait. Sa respiration se fait haletante. Les senteurs fortes de ses aisselles et les deux grands cernes jaunes sous les manches de son chandail blanc. Il dit :

– Avez-vous enfin éclairci le sort du monde ?

– Ça s'est réglé tout seul, dit Abel. Il y aura la peste.

Et parce qu'il veut être absolument méchant, il ajoute :

– La peste dont vous êtes l'épais commencement.

Mais Sam est habitué à ce genre d'insulte, il rit, sa bédaine saute :

– Des Québécois, c'est ce que j'aime le plus, leur sacré sens de l'humour.

Abel enchaîne, dit à Sam qu'il se trompe :

– Bien avant d'être Québécois, nous sommes une gagne de pisse-froid. Nous représentons tous les inexistants de l'Amérique. Un tas d'images floues et filoutées. Un tas d'irréalités mouvantes et sans parole, qui s'atrophieront sans cesse. De la perte de conscience, du devenir perdu, de la grande tromperie.

– Ouais. C'est rien pour sauter en l'air.

Abel a haussé les épaules et cligné des yeux à cause du soleil.

C'est dimanche donc et l'ennui de la journée du Seigneur alors que le monde devient autre, paresseux et lâche. Le gros Sam dévore son cure-dent et Abel, assis devant moi, est perdu dans le fond de ses pensées : rêve-t-il à la fin du monde ou aux grosses fesses de Marie entrevues dans la loge du Café du Nord ? Ma mémoire s'amuse sur des images de peau sans vergetures encore, brune et charnue. Puis se dégage la vision de Marie nue derrière la porte contre laquelle frappe Abel, pour appeler vers lui le corps de la danseuse encore plein de gouttes gluantes. Que se serait-il passé si Malcomm et moi n'étions pas arrivés à l'instant même où Marie allait lui ouvrir ? Abel dit :

– Tiens, voilà de la visite.

L'oncle Phil Deux apparaît dans la porte. Il chante, un gros cigare au bout de son poing, son nez rouge sillonné de stries violacées. Un gros nez planté solidement au milieu de la face. Un gros nez d'ivrogne fini. Et tout à coup, la laideur de ce nez ressemble à notre laideur à tous. Tout ce que notre monde a perdu de beauté est brutalement là, dans ce personnage de

l'oncle Phil Deux. Rien qu'une loque dont la bouche
pue l'alcool et la fin de l'avenir. Ce terrible portrait de
ce que nous deviendrons peut-être lorsque, vieux et
seuls, nous serons sans femme et sans enfants, incapables de prendre soin de notre faiblesse qui, dans l'épais
cercueil, nous liera les mains sur la poitrine.

J'aurais pas dû sortir ce matin. Peut-être aurais-
je ainsi évité les facilités du mal. J'étais bien dans ma
chambre où je méditais devant le Bouddha de plâtre
et l'encens qui montait dans l'obscurité de la pièce
dont le store de la fenêtre battait au vent. Et cette
paix m'inondant, prenant possession de moi, me
jetant à genoux devant le dieu de la joyeuse félicité
(serait-ce ça la vie, cette descente vertigineuse dans
l'enfer du mot sacré qui creuse sa spirale imaginaire
dans l'éphémère et détruit paradoxalement jusqu'à la
parole même ? Spirale tournant dans le vide et spirale
du vide et vide de la spirale ?) –

Assis au bout de son siège et le dos arrondi, l'oncle Phil Deux parle en postillonnant. Il divague, les
yeux fixés sur ceux d'Abel qui écoute en silence, le
visage indifférent, comme s'il entendait sans entendre. Les yeux d'Abel sont tournés vers l'intérieur de
lui-même, ils jettent leur sonde dans l'inconnu du
temps de son corps, dans cette masse intouchée et
sommeillante qui s'éveillera peut-être, ou se résor-
bera pour tuer le possible qui l'habite encore. Je dis :

– Trois cafés, Marie.

– Ce serait bien meilleur trois bonnes bières, dit
l'oncle Phil Deux.

Puis il enchaîne aussitôt sur le clocher de l'église
des Trois-Pistoles s'écroulant dans une pluie de pierres mal cimentées – et je ne sais pas trop quelle mort

affreuse il y a eu dans toutes ces ruines. Je regarde le *Dimanche-Matin*. Sur la première page, un Biafrais et puis un autre, et puis un autre encore, pour constituer un tas d'ossements exposés au soleil et dévorés par les oiseaux déchirant de leurs griffes noires les lambeaux de chair pourris. Mais l'indifférence partout, le café bu de la même façon, dans le rire et les hurlements de la boîte à musique, dans le déhanchement de Marie. Fesses velues. Machines copulatrices dans les maisons closes. Ordinateurs à orgasmes. Soutiens pour queues relâchées. Tétons qui se détachent des torses et se greffent dans l'entrecuisse mâle mutilé. Sperme. Océan du sperme après les râlements d'usage. Et mordées des fausses dents brisant l'épaule de la fille nue. Après ça la fin, le long souffle et le lent retour aux fesses velues de Marie courant d'une table à l'autre.

L'oncle Phil Deux dit :

– Faudrait bien retourner à la maison. Je commence à avoir faim.

Comment ne pas admirer la coulée de cette vie sous la transparence de la vie ? Comment ne pas admirer les limitations qu'elle s'est d'elle-même imposées et qui la garantissent des ultimes abjections ? Et combien de vies comme celle de l'oncle Phil Deux, qui sont perdues dans l'anonymat des foules et des gratte-ciel pour bureaux ? Tant d'abeilles frémissantes, abeilles-dossiers égarées dans les classeurs électroniques ! Tant d'abeilles-cartes-IBM ! Tant d'abeilles à l'entendement amputé, que grisent les musiques dépossédées et l'absence de terre où trouver le miel de la continuité ou des grands retournements ! Le troupeau de l'humanité, c'est juste un homme seul ;

c'est juste un minus s'essayant aux mêmes jeux
d'éternité. Si nous avons perdu nos âmes, c'est pour
que nous puissions nous livrer tout entier au mystère
et nous vaincre et par cela retrouver nos identités et
vivre de la vie de l'homme neuf. Il y a donc plus que
les abeilles amputées de leurs ailes dorées. Il y a aussi
un magma d'idées et d'espoirs, une saga (a déjà dit
Abel) à inventer, le ciel du Québec à trouver dans les
approfondissements du colonialisme au fond duquel
tournoient follement les oncles Phil Deux au regard
débauché, aux mains tremblantes, à la barbe grise et
sale – ce qui veut dire aussi que les mots de l'oncle
Phil Deux schizophrène sont les mots de l'homme
heureux. Et la mort consentie, lointaine pour l'oncle
Phil Deux réfugié dans l'instant comme dans une
enveloppe fœtale que relie aux joies de la terre le
cordon argenté de son humanité. L'oncle Phil Deux
dit :

– Faut pas que tu t'en fasses dans la vie. Le
monde est trop bien organisé maintenant pour que tu
partes en peur à tout moment. Il y a toujours quelqu'un qui s'occupe de toi, te paye une bière ou un
cercueil. Ç'a pas plus d'importance que ça, Jos. Le
principal, c'est que ça arrive au bon moment. Et puis,
il faut s'amuser, baptême ! Tu penses pas ? Si tu
t'amuses pas, tout ce que tu fais perd pas mal de son
sens, non ? T'arrives à rien, baptême. Tu vieillis, tu
meurs pareil même si t'as vécu comme un saint dans
une grotte. Et qu'est-ce que ça donnerait de plus si je
trompais mon prochain ?

C'est Abel qui fait parler le volubile et philoso-
phe oncle Phil Deux. Le monde peut être dit par
n'importe qui et toutes les façons sont bonnes.

– Certain qu'il y a des coups durs souvent, comme la mortalité de ma pauvre Marie. Elle était trop grasse, je lui disais tous les jours : « Marie, tu manges trop, baptême ! Tu vas faire le grand saut si tu continues. Tu grossis tout le temps, la graisse c'est pas bon pour le cœur. L'apoplexie, penses-y, Marie. » Mais Marie voulait pas comprendre, la vie pour elle c'était souffrir. Puis souffrir encore. Elle se dérageait dans les dévotions, la maison était comme une image sainte avec les Vierges sur les murs, les calendriers de saint Joseph derrière les portes. Ça fait drôle aller faire ses besoins avec Maria Goretti dans la face, et les chapelets et les lampions brûlants jour et nuit. J'allais pas souvent à la maison parce que j'avais l'impression d'entrer dans une église. Et parce que Marie voulait pas d'enfants. Maintenant, elle est morte, ça fait dix ans, et ce que je suis veut plus dire grand-chose. Des fois, je me demande : est-ce que tout ça s'est produit pendant que j'étais réveillé ? On sait pas, le passé pourrait arriver autrement.

Après s'être excusé, l'oncle Phil Deux se lève et marche vers la toilette. Il flotte dans ses vêtements trop grands. Je me dis qu'il est un fantôme du passé ressuscité pour nous. Un signe à redécouvrir. Un message d'ailleurs. Un mécanisme inconnu dont il faudrait défaire le système d'horlogerie. Et le symbole de notre vie nombreuse.

Marie est venue vers nous avec le sourire, ses beaux seins généreux s'offrant au plaisir de l'œil. Elle dit :

– Vous dînez ici ?

– Non, on est tous invités à la maison aujourd'hui à cause de l'oncle Phil Deux.

Marie s'est assise à côté d'Abel. Du parfum se dégage d'elle. Son uniforme bleu pâle est de la couleur de ses yeux, et ses genoux sont appuyés contre les miens, et ses lèvres rouges bougent, et ses mains s'allongent sur la nappe de papier rose. La beauté de tout cela, de cet instant, comment la retenir ? La boîte à musique vibre toujours dans la pièce enfumée – senteurs de friture, paroles perdues des clients occupant leur temps, rayons du soleil sur l'immense carte des menus accrochée au mur, derrière le gros Sam suant.

« Et ses mains sont toujours pleines d'eczéma », dit Abel qui jette un coup d'œil au *Dimanche-Matin* ouvert devant lui. Sa main gauche tremble, séquelle de la poliomyélite qui s'est emparée de lui alors qu'il avait seize ans et l'a brisé dans ce qu'il avait de plus précieux. Les neurones marqués par le virus, les muscles se désintégrant, puis le bras atrophié, vidé de sa substance et de sa force, brusquement amaigri, inutile et fixé sur le lit d'hôpital dans une machinerie compliquée d'éclisses et de linges mouillés et chauds. Et Abel avait déliré, sa fièvre le projetant dans un monde de fantasmes horrifiants. Dans son rêve, il avait vu des tranches de pain géantes aux mille pattes-ventouses qui couraient sur lui alors qu'il marchait dans une ville rouge aux maisons en forme d'anneaux sonores. Il a été incapable de mieux expliquer ça, pas plus par le dessin que par la parole :

– C'étaient des anneaux sonores d'énergie. Tu habitais dans l'une de ces maisons-là et les tranches de pain te laissaient tranquille, elles faisaient des cercles autour de l'anneau et psalmodiaient, leurs genoux velus dans le sable jaune. Et toi, tu t'assoyais

dans un immense fauteuil et, devant tes yeux, appa-
raissait un grand écran de télévision sur lequel tu
voyais d'étranges bêtes aux yeux gonflés de chaque
côté de la tête, avec des dizaines de bras greffés au
bras conducteur, et ce bras était une voix possédant
mille haut-parleurs. Mais la douleur dans ton propre
bras allait en augmentant. Tu avais l'impression que
l'anneau sonore était une bouche aspirant ta force
qu'elle convertissait en hallucinations pour ton esprit
malade. Alors tu te débattais dans le fauteuil gigantesque pour que ton corps ne devienne pas une masse
liquéfiée et sans direction. Tu te traînais jusqu'à la
sortie (un œil aveugle accroché dans l'un des murs)
où t'attendaient les odieuses tranches de pain qui se
saisissaient de toi et te dévoraient.

Plus tard, quand Abel se réveillerait dans le lit de
l'Hôpital Pasteur, il verrait que son épaule aussi avait
été mangée par les tranches de pain.

– Faudrait bien y aller, dit l'oncle Phil Deux qui
regarde au fond de sa tasse de café l'espèce de couche
brunâtre qui s'est fixée dans les grumeaux de sucre
non fondu.

Mais personne ne se lève. Mais personne n'a le
goût de rompre le charme de nos corps appuyés l'un
sur l'autre. Le début des seins de Marie sous le chemisier à l'échancrure profonde – et le point noir entre
les deux. Les vases communicants de pensées crèvent
comme des bulles d'air dans nos têtes et l'irréalité se
saisit de nous, déforme nos visages, faisant de nous
des masques sans passé et figés dans l'absence.

– Nous nous échappons sans cesse à nous-
mêmes et nous n'obtenons de notre identité que sa
face extérieure, dit Malcomm. Nous sommes habités

par une idée que nous ne maîtrisons plus et il n'y a pas de ravissement dans l'orgie. Nous sommes des filets mignons de vie.

Mais Malcomm ignorait le devoir d'intelligence, il ignorait qu'il y a sous le sentiment des strates de possibilités qui n'admettent pas l'impatience ni le découragement (car poussée à bout la solitude n'est que la face voilée de la multitude). Au-delà des mots, il y a le fleuve et c'est à cette source qu'il faut finir par s'abreuver afin d'être les hommes de nous-mêmes et non pas les marionnettes de l'impulsion. La dépossession naît de la possibilité mal encerclée, et la possession elle-même ne représente rien, sinon la seule chance que j'ai d'être dans la fierté.

Ce qui est difficile toutefois, et ce vers quoi il faut tendre, c'est au gonflement de tout le temps disponible en soi et hors de soi.

Mais voilà Pa sortant de l'église où il a beaucoup prié, le regard fixé sur le grand Christ ensanglanté à la gauche de l'autel, les mains nouées derrière le dos. Homme-méditation dont je ne sais de lui que ce que je sais de moi, et voilà pourquoi j'ai par le passé tant voulu sa fixation qui me permettait ma colère contre lui en qui je ne voyais qu'un objet de scandale, qu'une machinerie lourde pour reproduire, que de la sécheresse et que des viscères. Et Pa vient de prier durant toute la matinée, pour se délivrer de moi peut-être, et d'Abel, et de l'oncle Phil Deux, et de tous ceux qui sont entre lui et son rêve. Et Pa était agenouillé, s'abîmait dans le souvenir des poules picorant l'avoine qu'il leur jetait à pleines mains – Il y avait de ça très longtemps, des siècles peut-être, dans un autre temps et dans un autre lieu, alors qu'Il venait de créer le monde et qu'enfant encore, Il ne le différenciait pas de Lui – et Son souffle jaillissait de Sa bouche et inondait les poules ivres d'avoine.

Après avoir acheté un paquet de cigarettes au comptoir-caisse, Pa s'avance vers nous, une main dans la poche de son pantalon. La monnaie tinte, est comme l'accompagnement de son pas. C'est peut-être la première fois que je vois cet homme dont les yeux sont comme des fentes dans la peau de son visage. Marie s'est levée et a salué Pa (aurait-elle rougi ?). Puis elle me fait un clin d'œil et va rejoindre le gros Sam devant ses fourneaux. Pa s'assoit en face de l'oncle Phil Deux et de moi, à côté d'Abel qui, pendant un moment, paraît mal à l'aise. Pa dit :

– Bonjour, Bibi.

Il s'est tourné lentement vers Abel qui a baissé les yeux sur son café. Fixer Pa dans les yeux est pour lui une provocation : aussi le fait-il seulement lorsqu'il est hors de lui. Mais il faudra qu'Abel aille au-delà du symbole de cet œil et que s'aveuglant de vérité, il comprenne que Pa est un mutilé qui a trop vécu pour ne pas s'être atrophié.

L'oncle Phil Deux s'est remis à parler. Pa ne dit rien, il écoute comme Abel et comme moi, le visage impénétrable. Il n'a pas encore quitté l'église, la musique de l'orgue le poursuit jusqu'ici, de même que les plaies du grand Christ et le court sermon du prêtre :

– Lorsque saint Paul apparut un jour sur la place publique d'Athènes et qu'il vit les Grecs assemblés, parlant entre eux et attendant vraisemblablement quelque chose, il leur demanda ce qu'ils faisaient là et les Grecs lui répondirent : « Mais nous nous réunissons ici tous les jours et nous attendons qu'on nous dise les nouvelles du monde. » Alors saint Paul se dressant au milieu d'eux dit : « Vous perdez votre temps puisque toutes les nouvelles du monde sont arrivées depuis longtemps. » Mais les Grecs ne l'ont pas cru et se sont mis à rire de lui qui est reparti, appuyé sur son grand bâton tordu, nu-pieds, sale, avec sa barbe rouge et son ventre affamé.

La chaleur. Le soleil dans la vitrine du Ouique. Les mains en visière devant les yeux. Les voitures flamboyantes filant dans les rues. L'été des Indiens, le répit mais bientôt la neige, les grands vents nordiques – comment penser comme du monde lorsque tout gèle en vous et que vous devez dormir la bouche ouverte à cause de vos sinus bouchés ? Le silence s'est abattu sur nous comme un rapace aux ailes déployées, nos tasses sont vides, il serait temps de partir puisque ça ne nous avance à rien de rester ici à nous regarder dans les yeux.

Pa s'est allumé une cigarette. Pendant un moment, la flamme a dessiné dans ses lunettes une sorte de très long serpent. Pa a cligné des yeux, et tout est disparu dans son regard. Le temps ne s'écoule plus de la même façon depuis que Pa s'est assis avec nous. Il a changé quelque chose, créé de nouveaux rapports de forces, et relégué dans l'ombre la présence de l'oncle Phil Deux. Je trouve que depuis l'arrivée de Pa, l'oncle Phil Deux ressemble à un pou honteux. Tout à fait à l'opposé de Pa de qui émerge étrangement quelque chose de viril, de vulgaire et d'indéchiffrable. Pa n'a pourtant jamais été un valeureux. Je pense qu'il est un moine priant au fond de sa cellule, devant la fenêtre grillagée qui lui apporte les bruits feutrés de l'éclatement du jour : les voix traînantes et graves des frères, les cris des sauterelles dans les champs, le roulement sourd des tracteurs, les sifflements des marmottes étendues à la sortie de leur trou. Le monde en adoration devant lui-même – et dans la cellule aux murs nus, le moine s'écrase lourdement sur le plancher, trahi par ses genoux fatigués et le jeûne épuisant. Une souris a passé devant lui, est allée se réfugier sous le lit, effrayée par cette forme immobile qui n'est rien de plus que Pa heureux du sacrifice qu'il vient de faire de lui-même.

Il a fallu se lever :

– Mam va s'inquiéter si on n'arrive pas, puis il est temps de dîner.

L'oncle Phil Deux marche devant Abel et moi. Redevenu comme par magie un vieil homme perdu dans le vice de la bière et que l'on retrouvera, l'un de ces quatre matins, en train de mourir dans un ruisseau.

Rue Monselet et les vitrines des bineries closes. Et les bornes-fontaines rouges. Les bruits dans mon estomac. Et les paroles de Pa disant à l'oncle Phil Deux :

– On est trop vieux, Mam puis moi. On peut plus déménager astheure ; c'est pas possible. Je pense que Mam est fatiguée, pas mal fatiguée. Quand je travaille pas et qu'on dort ensemble la nuit, ses yeux restent ouverts et fixent le plafond, comme un poisson dans un aquarium. Puis elle a de grands soupirs et elle grimace quand elle croit que je la regarde pas et que je dors. Faudrait que Mam aille chez le docteur. Je voudrais pas la perdre.

Abel me regarde. L'immense vautour vole au-dessus de nous avec, prisonnière dans ses serres, la tête toute bouffie de Mam.

– Voyons, marchons plus vite les jeunesses ! dit l'oncle Phil Deux en se retournant vers nous.

Rue Monselet donc, et un soleil bien trop haut pour rien dans le ciel.

VI

Je me rendis compte que chaque pas que je faisais en direction de l'inconnu m'arrachait un peu plus des entrailles de ma mère.

JACK KÉROUAC, *Docteur Sax*

La senteur de dinde rôtie, avec la farce à l'ail, spécialité de Mam s'affairant dans la cuisine malgré les étourdissements qui lui sont venus tout à l'heure tandis qu'elle préparait le potage. Pa l'a soutenue au moment qu'elle tombait, il lui a mis un bras sous l'aisselle, il lui parlait comme si elle avait été une enfant, une pauvre petite fille sans défense devant les mystères de la vie :

– Voyons, Mam. Repose-toi donc. Les petites vont s'occuper de tout ça.

Et nous, nous étions là, assis dans nos chaises berçantes, encerclant l'oncle Phil Deux qui sirotait une bière et nous racontait ses aventures.

(La folie me guetterait-elle ? Que serons-nous demain sinon des bouffons sans roi ? Nous chanterons et crierons sous la lune parce que nous serons devenus épais, et perdus à l'intérieur de nous-mêmes, invisibles à nos propres regards, et démentiels dans cette absence qui nous frappera en pleine face et nous brisera les dents. C'est dur d'être calme, de ne pas se laisser emporter par l'expression du monde se déboîtant. Demain, ce sera la grande noirceur sur nos âmes, la fin déjà, la fin du mythe et du mystère, la mort par détournement, la mort lente de nos esprits affolés par notre ignorance et indignes de tout avenir. C'est ce que me disent des visages comme celui de l'oncle Phil Deux sur lesquels je lis la prédiction de notre impossibilité – mais à qui le dire ? Et pourtant, changer tout ça par la méditation et le souffle revenant habiter nos corps dégénérés.)

Je regarde ma pauvre Mam fatiguée et malade, aux jambes enflées. Douleurs et visions apocalyptiques quand je la vois ainsi. Notre monde finira dans l'épuisement nerveux, dans la maladie des yeux et du ventre et du cœur et des jambes et de la tête. Et cette pauvre Mam usée mais absurdement entêtée et orgueilleuse, incapable de se reposer, qui appelle la mort peut-être.

— Jos, tout le monde meurt, c'est normal, et que changent donc quelques journées de plus ou de moins ? Il faut aller selon les désirs de Dieu tout-puissant et bonté. Je suis pas inquiète…

Moi, je lui avais peut-être dit :

— Je vous aime, Mam. Vous êtes et serez toujours la seule femme de ma vie.

— Grand fou, Jos.

Mais Pa hostile et jaloux :

— Jos, tu vas être obligé de t'en aller, c'est plus vivable dans la maison, tu déranges tout le monde, et t'es un mauvais exemple pour les autres.

Pa me détestait-il parce que Mam était tout amour pour moi, qu'elle me préparait mes petits déjeuners : « Des œufs et des toasts, Jos ? Et comment que t'es veux ? », et qu'elle m'attendait le soir, près de la porte, toute humble et effacée ? Je la voyais en montant l'escalier, la main sur la poignée de la porte, ses beaux yeux bleus fixés sur moi qui étais son fils bien-aimé, son fils malheureux et damné sans doute à cause de la méditation impossible se désarticulant en lui. Cet homme triste et désabusé que je suis. Et malgré tout l'espoir vivant au fond de mon être comme un animal de mythologie, et me faisant balbutier d'amour alors qu'agenouillé devant le Bouddha je pleurais dans la délivrance de l'adoration, me laissais aller au plaisir du sexe et le sexe était dans ma tête et la tête était mon sexe. Cet homme sans corps. Cet homme lumineux et tourbillonnant parfois dans l'épicentre du monde que je crée de mon rayonnement. Et matière dorée revenue à la source des commencements et à l'Orient de mon réveil. Boule d'éternité annulant l'originelle chute et couvant, dans le sein tiède des Himalayas, l'œuf cosmique, le nombril du monde, le nœud sacré autour du cou de l'univers rêvé. Pureté de la forme primitive creusant l'irréalité et défaisant la conspiration du silence, car la pensée seule existe. Mais revenir, voilà ce qui est difficile, à cause de l'œuf cosmique enfermé dans la main du Grand Caqueteur tout de feu habillé. Et moi solitaire dans ma prison, incréé, baisant la main de Mam et sanglotant sur son sein : « Voyons, Jos. Fais pas l'enfant. Tout le monde quitte ses parents un jour ou l'autre. Le séminaire, c'est pas loin, on ira te voir à la Toussaint. Pense que tu vas devenir un prêtre, un homme de Dieu, et tu sauveras beaucoup d'âmes de l'enfer, mon brave Jos. » Et Pa, toujours hostile debout devant moi, ses mains épaisses posées à plat sur la grosse boucle dorée de sa ceinture : « Fais pas ton bébé, Jos. Tu vas au séminaire, alors tu vas au séminaire, c'est tout. Faut que tu t'habitues tout de suite : un missionnaire, ça passe son temps à souffrir le martyre. » Les feuilles des grands peupliers dans la cour du séminaire bruissaient alors que je marchais dans l'allée, seul, et sachant fixés sur moi les yeux de Mam et les yeux de Pa qui me regardaient derrière la grille rouillée. Puis le cimetière entre la chapelle et le séminaire, les dizaines de croix blanches, les saules pleureurs dont les longues branches descendaient au-dessus des talus sous lesquels les tombes pourrissaient. Et surtout, le vieux jardinier qui courait entre les tombes comme un fantôme – petit homme maigre et chauve dont la peau était de la couleur de la terre. La couleuvre rampante et vidée par la mort des missionnaires se desséchait dans les grandes robes blanches.

– Tout le monde à table, dit Mam.

Nous avançons nos chaises. Pendant un moment, il y a le chaos, le bruit des pattes sur les tuiles, et les fourchettes, les cuillers, les couteaux. Décrire l'instant, je voudrais passer ma vie à observer le monde dans l'emprisonnement du moment, je voudrais fabriquer de gros romans en ne faisant que décrire la même scène sacrée. Mais pour ça, il faudrait que mon corps soit plein d'yeux et que ces yeux mêmes soient immenses et dégagés de l'impureté, et froids, et inexistants à ma propre vie.

– Prends-tu du ketchup, Jos ?

La dinde défigurée au centre de la table sur le tapis d'herbes et de légumes. La dinde-mort aux os éclatés que tout le monde s'approprie. Puis s'ouvrent les bouches, broient des dents pourries ou les dentiers, mastiquent avec bruit l'oncle Phil Deux et Colette, fonctionnent les glandes et le rot est l'apothéose de la bouche se calmant. Je pense à des poulaillers prodigieux qu'on a érigés dans les champs, loin des villes grises. Des milliers d'enclos sombres et des milliers de cages minuscules dans lesquelles sont enfermées les dindes chauves nourries aux hormones, si grosses les dindes qu'elles tombent dans les cages et ne caquettent plus et se laisseraient mourir si une main autoritaire ne venait tout à coup les prendre et les jeter dans la mort. Les camions qui roulent à toute vitesse vers l'abattoir de la rue Saint-Laurent, lieu moderne du sacrifice des bêtes à plumes dont les têtes coupées et sanguinolentes sont passées dans les hachoirs géants – et tout ça deviendra de la viande pour chats.

Pa éructe, fait basculer sa chaise berçante, décroche avec sa langue son dentier fixé au plafond de sa bouche – et ça grince, c'est comme le bruit maudit d'un fémur croqué par un chien. À l'aide d'un pouce, Pa détache les particules de matière qui sont demeurées prisonnières entre le palais et son dentier.

– Je prendrais une bière, baptême ! dit l'oncle Phil Deux en s'adressant à Mam qui ouvre la porte de l'armoire.

Le souvenir de ce geste, de cette main éclairée brusquement par l'ampoule la faisant paraître translucide. Combien de repas encore comme celui-ci ? Bientôt les vers et la musique de leurs chansons nécrophiles dans les couloirs déserts de nos veines. Bientôt le grand évanouissement, la perte blanche du corps dormant au sein de la terre irrécupérable. Bientôt il n'y aura plus que la loi du pourrissement intégral.

Mais pleurer ne donne rien, les phénomènes échappent aux larmes, ne se laissent pas circonscrire, sont comme un vieux film détraqué dont le mouvement aurait été inversé. Paroles mêlées, voix de femmes et faces d'hommes. « Je t'aime, mon namour », dit la tasse et l'horloge grand-père affirme dans le

rythme du pendule affolé : « Il n'y a que la bataille de
Gettysburg. » Alors de vieux soldats rampent sous
des barbelés tandis qu'on entend au même moment
des prostituées ahaner sous les coups de boutoir
répétés. Des taureaux dévergondés au membre
énorme qu'on enferme dans des enclos, et la femelle
qu'on tire vers eux, la femelle qui est toujours la
même, noire et ruminante, qui sait que c'est un jeu, et
une farce, que chacun des taureaux lui montera dessus, qu'il fera des efforts pour sortir son sexe de la
membrane protectrice des animaux et, qu'au moment où elle sentira quelque chose de chaud et de
calme pénétrer en elle et s'allonger indéfiniment dans
son organe, une main, la main sale du vétérinaire
blanc s'interposera, et le taureau versera sa semence
dans un faux intérieur de femelle. Puis un engin, en
forme de membre de taureau, avec une poignée électrique au bout, qui laisse partir un jet de semence
quand on la pousse, et la femelle a l'impression qu'on
lui a fait l'amour, elle s'imagine que deux grosses pattes ont déchiré ses côtes et qu'un animal essoufflé
s'esbroue derrière elle. « Je te dis que moi j'aimerais
pas ça avoir une affaire de même dans le cul,
câlisse ! » a dit le vétérinaire.

Abel a sorti sa pipe. Il y a des rougeurs sur le
haut de ses joues, comme quand il est surexcité. Peut-
être pense-t-il à quelque joyeuseté du passé obscène
sans doute car Abel a de grands appétits sexuels qui
l'empêchent d'être lui-même et d'aller au-delà de la
facilité, de la grossièreté et de la plaisanterie grasse,
cette muraille de Chine qui le protège de la sécheresse
et de la souffrance de son âme. Tout devra-t-il va-
ciller en lui avant qu'il ne se découvre et finisse par

échapper au mythe de Festa, cette pauvre folle de son adolescence, cette machine détraquée qui a été pour son corps une ventouse et l'agent provocateur des forces cachées du vice qui lui ont révélé les hauts lieux du mal ? Et malgré tout, il y a derrière tout ça l'ivresse de la possible pureté, ce besoin de grandeur qui se cache dans le faisceau de ses paroles souterraines. Mam disait:

— C'est à Bibi que je pardonne le moins de choses. La Bible dit qu'on demandera beaucoup à celui qui a beaucoup. Or Abel refuse la noblesse qui est en lui, et la facilité de cette noblesse.

Intuitive Mam qui a compris le secret de mon frère Abel cherchant le mépris pour ne pas avoir à se réaliser.

Nous avons suivi Pa au salon après avoir flâné autour de la table, dans la fumée des pipes et des cigarettes. Mam s'est levée, pour empiler l'une sur l'autre les assiettes maculées de ketchup et les ustensiles ternis. Pa dit:

— Repose-toi donc un peu, Mam. Tu te démènes trop.

La porcelaine s'entrechoquant au fond de l'évier, les bulles de savon qui forment sur le goulot des bouteilles de lait des cloches transparentes. Et les filles mécontentes parce qu'elles trouvent qu'il y a trop de vaisselle : « Pourquoi que vous achetez pas une machine automatique ? » Mam sourit (sur son visage vieilli les pattes d'oie qui dévorent la peau, la creusent, s'entremêlant aux points noirs comme lancés dans sa face. Petit cosmos d'étoiles sombres, carte du ciel des années longues et dures de la pauvreté. La chair plissée aux commissures des lèvres douces et

minces qui sont comme l'envers de la sexualité.
Douze enfants n'ont pas atteint la virginité de Mam).

L'oncle Phil Deux a demandé une berçante que
lui a apportée Abel, puis il s'est assis, a croisé ses
jambes et sorti de la poche intérieure de sa veste un
harmonica :

– Je vas jouer tout l'après-midi si vous payez la
bière.

Le chat allait se cacher sous le fauteuil quand
grand-père, dans l'immense maison des Trois-Pistoles
que ceinturaient les gros érables aux feuilles larges
comme la main, halait vers lui le tiroir de la table de
faux acajou, et sortait d'une petite boîte rouge une
vieille musique à bouche dans laquelle il se mettait à
souffler furieusement. Et c'était comme la présence
du silence en nous, c'était la vie qu'il y a à l'intérieur
même de la musique. Une longue modulation monotone qui violait tous les pores de la peau, habitait
notre tête assourdissante et disparaissait brusquement dans le néant. Il n'y avait plus que le moi face
au grand-père dont les pieds battaient la mesure sur
le plancher. Il n'y avait plus que cette fuite de sons,
ces molécules d'air projetées hors du petit instrument
à moitié enfoui dans sa bouche édentée. Et nous dési-
rions de toutes nos forces que ça ne finisse jamais.
Nous souhaitions plutôt que la mort vînt nous prendre dans notre admiration, nous saisissant aux cheveux et nous frappant la tête contre les murs.

Avec l'oncle Phil Deux, rien de ça n'arrive, on a
plutôt l'impression d'envahir la musique et non
d'être investi par elle. On croit plutôt devenir soi-
même la force de la musique et ce qu'il y a de limité
dans celui qui la fait.

Mam est venue s'asseoir à côté de moi, sur l'un des bras du fauteuil. Son corps lourd et ravagé. « Je suis fatiguée, Jos. Si on savait comme je suis fatiguée. » Mais Mam ne dit rien, écoute la musique de l'oncle Phil Deux, sourit à Abel. Ce sourire a mis du temps à venir, il lui a fait mal au cœur :

– Il n'avait pas le droit de faire ça. Pourquoi Abel a-t-il détruit les images que nous avions de nous-mêmes ? Je pense que tout le monde maintenant...

Elle n'avait pas achevé sa phrase, avait dissimulé sa gêne dans de grands gestes devant le fourneau et, dans sa confusion, elle s'était brûlée au poignet (chair qui grille, tache rouge sur la peau qui gonflait) : « Vite, Jos. Mets-moi de la graisse dessus ça. »

Et tout à coup, les plaques rouges sur les joues :

– Je suis fatiguée, Jos. Si on savait comme je suis fatiguée !

Que dire pour la convaincre, pour qu'elle s'arrête, dépose ses torchons dans l'évier et vienne s'asseoir avec moi devant la télévision ? Que lui dire pour qu'elle sache que je l'aime ?

(C'était l'été, et Pa avait loué un chalet sur le bord du Saint-Laurent, en face des Escoumins dont on voyait la côte sauvage quand il n'y avait ni brume ni nuages. Nous n'étions pas beaucoup à la maison dans ce temps-là, six enfants peut-être, et moi j'étais l'aîné, le chef de groupe, le lieutenant de Mam comme elle m'appelait en me mettant dans les poches des sucettes que *tu donneras à tes petits frères et sœurs s'ils sont sages comme des images*. Le lent déroulement de cette pensée qui fuit dans le temps, mais la dire quand même, et telle qu'elle m'apparaît maintenant. Il y avait les champs immenses, les bleuets roses dans les éclaircies du bois, les vaches paissant calmement. Mais le taureau énervé par le soleil, son membre rouge tout allongé hors de lui, qui cherchait la femelle dans laquelle il ferait bon déposer le poids de son attendrissement. Je m'étais accroupi dans une talle, avec la vision, devant moi, des cuisses brunes de Monette, puis le coup de soleil sur la nuque, les abeilles par triades sur les corolles de fleurs jaunes, les gros bourdons et les taons bruyants qui venaient tourbillonner autour de nous, et Monette criait : « Je veux pas être piquée, Jos. » Elle courait vers moi et je la prenais dans mes bras. Cette chaudière de bleuets renversée à nos pieds. Puis, brusquement, l'image de Mam se superpose à la mienne : n'ai-je pas maintenant des seins lourds et affaissés, et des souliers à talons hauts, et comme une meurtrissure dans l'entrejambe, et des fesses pulpeuses ? Et ce regard triste de Mam, ces yeux bleus pâles qui sont comme des trous de lumière dans sa face pâle et grasse. Et la voix de Pa disant à l'oncle Phil Deux : « C'est pas de sa faute, si elle est triste, Mam. C'était pas le mariage qui l'intéressait, c'était d'être religieuse. » Les rires se répercutant dans les longs arbres derrière le chalet. Et Mam nue recouvrant Pa dans les herbes et l'obscurité – corps boudiné à la blancheur de lait, fesses rondes comme des demi-lunes, fesses se soulevant dans un rythme doux. La musique silencieuse et apaisante dans cette nuit immobile, seulement le bruit lointain des vagues, la senteur de varech desséché sur la grève – et l'immense feu allumé d'épaves, les étincelles qui montaient dans le ciel comme des fusées. Puis les ahanements dans le sous-bois, Mam hurlant sa joie, se laissant virer à l'envers, ses mains dans les aisselles velues de Pa. Tout basculait avec elle, le ciel éclatait dans sa tête, le monde s'écroulait. Des queues de comètes effilées comme des épieux, de la lave, des poussières, des corps figés dans des postures honteuses, des bébés bleus enterrés sous le perron du chalet. Trop de liquide entre les jambes de Mam, qui mouillait ses fesses. Pa disait : « Voyons, pleure pas. Voyons, pleure pas. Voyons, dors maintenant. » Et ils s'enroulaient dans les couvertures. Sur la grève, le grand feu s'éteignait, les braises noircissaient. Je mettais mes mains dans le charbon, me barbouillais la face et, lorsque je trouvais que j'avais vraiment l'air d'un Nègre, je courais au chalet où j'allais faire peur à mes petits frères et sœurs – Autrefois, la mer apaisante et silencieuse, la mer Noire, la mer des Sargasses, la mer de Tranquillité, la mer Morte, la mer des Tempêtes sur la surface trouée et charbonneuse de la lune froide.)

L'oncle Phil Deux s'est essuyé la bouche, a replacé son instrument entre ses lèvres, s'est remis à jouer, possédé par le rythme de la musique qui l'a envahi et le tient prisonnier sous son aile comme un gigantesque oiseau de proie volant haut dans le ciel. Pa bat des mains, ses lunettes sur le bout du nez, une cigarette dans la bouche. Il s'est remis à fumer aujourd'hui, mettant fin à un sacrifice qu'il s'était imposé, peut-être en remerciement à Dieu pour la guérison de Colette dont l'os du bassin avait été brisé dans un accident de machine. Corps comateux tournoyant sur lui-même dans le lit trop blanc de la mort. Fièvre détruisant son cerveau : « Il y a une chance sur mille qu'elle nous revienne. Et si elle nous revient, il y a neuf cent quatre-vingt-dix-neuf chances sur mille qu'elle n'ait plus toute sa tête. » Pa avait dit ça en enfonçant ses mains dans ses poches, emporté par le désespoir, les yeux mouillés de larmes qu'il retenait pour ne pas paraître faible devant ses enfants. Pourquoi le passé toujours ? Ne peut-on vivre dans l'instant, n'avoir que l'accoutumance du moment ?

– Bon, c'est assez pour aujourd'hui, dit l'oncle Phil Deux qui s'arrête.

Cette minuscule boîte dont l'intérieur est de velours rouge, ce petit cercueil dans les mains de l'oncle Phil Deux abaissant le couvercle sur lequel est écrit MARINE BANDS et d'autres mots anglais.

Mam s'est levée depuis longtemps, elle est comme les chats, elle n'aime pas l'harmonica : « Ça me fait penser à du lard chaud qui tremble et vous donne l'impression d'avoir du mauvais dans la bouche », a-t-elle dit en faisant la grimace, ce qui, pendant un moment, a brisé la douceur de sa face et lui a donné un visage nouveau, aux rides larges comme des sillons, aux veinules bleuâtres tout à coup nombreuses, comme surgies de nulle part, de dessous son nez et ses joues :

– Mais vous verrez pas le pire parce que je serai morte avant.

C'est ce que Mam a dit à Gabriella qui a été la première à remarquer, sous les yeux, les poches et les rides pourpres.

Le bruit des ustensiles frappant l'évier de la cuisine, le son des tasses s'entrechoquant, les plouf plouf que font les mains tombant dans l'eau savonneuse puis, brusquement, un cri, un cri assourdissant qui emplit la maison, et la chute d'un corps, et d'autres cris aigus – comme des centaines d'oiseaux juchés sur des fils électriques dans le froid de l'automne, leurs plumes noires pleines de frissons, et leurs petites pattes frémissantes et des piaillements longs et hauts dans leur gorge.

– Mam! Mam! Oh! Mam!

Les enfants hurlent dans la cuisine où nous nous portons tous, Pa, Abel et l'oncle Phil Deux. Mam est allongée sur le plancher, son essuie-main pris entre les doigts. Mam immobile. Spectacle de la mort éternellement recommencée – l'horloge grand-père sonne trois heures.

– Aidez-moi à la transporter dans la chambre, dit Pa d'une voix étranglée, plein de caillots d'émotion, comme l'eau sale s'embourbant dans le renvoi de l'évier et faisant des rots.

– Puis appelle le docteur, Gisabella! Vite! Vite!

Mam a été saisie par les extrémités et soulevée et emmenée dans sa chambre. Sur l'un des murs s'envolent toujours les grands oiseaux bleus aux yeux clos, les oiseaux aveugles du rêve tourbillonnant sur leur cécité, dans l'indifférence du temps et de l'humanité qui passe, tout entier aux jeux de leurs ailes silencieuses et à la musique du roucoulement au fond de leur gorge.

Pa s'est assis à côté de Mam, s'est mis du bout des doigts à lui asséner de petits coups dans les mains, le rouge aux joues, baigné dans une chaleur mauvaise qui lui donne des perles sur le front. Et nous tous qui sommes là autour du lit, perdus dans la vision du gros corps de Mam privé de vie et peut-être déjà en train de refroidir. Colette s'est agenouillée. La face dans ses mains, elle sanglote, d'abord presque en silence, puis l'émotion montant, elle pousse quelques cris sauvages qui effraient les grands oiseaux bleus maintenant fixés dans un début d'envolée, leurs petites pattes comme des trains d'atterrissage, encore blotties dans la fourrure, et paralysées. Et nous tous immobiles devant le jeu de la fin se jouant dans la chair de Mam.

Après un long soupir, Mam ouvre les yeux :

– C'est fini, les enfants. Ça va maintenant, tout est passé.

Pa s'est penché sur elle, a déposé un baiser sur son front :

– Qu'est-ce que t'as eu, Mam ?

– Juste un étourdissement. C'est pas grave. Je vas me lever maintenant.

Les larmes dans les yeux de Mam, qui coulent le long des fossettes de ses joues. Pa dit :

– Sortez, les enfants. Mam est trop fatiguée.

Et l'on voit bien que lui aussi n'attend que le moment où nous serons tous dans le corridor pour entourer de ses mains le visage de Mam et pleurer avec elle, conscient que quelque chose vient de se briser à jamais par cette chute dans la cuisine, par cette perte de conscience inattendue qui soulève le voile noir derrière lequel Pa n'a vu que la fureur des membres décapités par la douleur.

Le médecin, gros homme bedonnant, aux joues rouges, aux yeux presque dissimulés sous l'amoncellement des chairs flasques, est apparu dans la porte, a été conduit auprès de Mam. On n'entend plus guère que des chuchotements, que des soupirs (pas une seule fois le médecin ne se sert de sa grosse voix d'homme bilieux). Tous les enfants sont là, dans la cuisine, figés dans l'immobilité et l'attente, sauf l'oncle Phil Deux qui se berce sur sa chaise après avoir ouvert une autre bouteille de bière :

– Est chaude, baptême ! Mais c'est pas grave : quand un homme a soiffe, y a soiffe !

Les minutes s'écoulent lentement, comme à retardement. « J'espère que c'est pas grave », dit Gisabella en enlevant une mèche de cheveux descendue dans sa face. Une belle fille pleine, avec des seins qui ne sont pas comme des œufs aplatis dans une poêle mais dont la rotondité est parfaite, avec une gracieuse lourdeur. Vénus nue au large vagin humide et noir. Désir profond et refoulé de posséder sa chair, de prendre ses seins dans mes mains, et son trou du cul comme enflé à cause des fesses resplendissantes, et ses lèvres. Pétrissement de son ventre bientôt maternel, son ventre qui a épousé la forme douce de la citrouille, son ventre au mouvement lent et rythmé. Gisabella se baignait seule dans la Boisbouscache, nue et dégoulinante quand elle sortait de l'eau froide. Elle avait quinze ans peut-être, et déjà femme fatale. Elle me disait : « Je t'aguis, Jos. T'es toujours en train d'écornifler. » Et elle se rhabillait, sans se hâter, poussant sur ses seins rétifs à cause de l'eau mouillant son chemisier de coton sur la peau. Pourquoi le Cardinal l'a-t-il débauchée ? Pourquoi a-t-il mis fin au règne de sa pureté et l'a-t-il obligée à fuir en Californie pour oublier sa honte et l'avortement de son fils qui lui avait été donné dans l'orgie ? Mam pleurait sur cette vie qu'elle croyait défaite à jamais et sur l'ombre épaisse jetée tout à coup au-dessus de la famille – nuée de sauterelles noires, nuée de fourmis impérialistes grugeant la chair pourrie, nuée de vampires aux dents acérées mordant dans le vagin de Gisabella allongée dans le cabinet du faux docteur qui poussait le petit instrument de la mort entre ses lèvres gluantes.

– C'est long sans bon sens, a dit l'oncle Phil Deux.

Mais qu'importe le diagnostic du médecin puisque nous savons tous que Mam va mourir ?

Il sort enfin, précédé de Pa. Les deux hommes chuchotent dans le corridor, on entend le bruit des souliers cloutés du médecin dans l'escalier, et Pa vient vers nous, les joues en feu, et presque aveugle sans ses lunettes qu'il tient à la main :

– Le docteur dit que c'est pas trop dangereux mais qu'il faut que Mam se repose. Sinon, on va tous la perdre.

Puis, faisant demi-tour, Pa retourne auprès de Mam. Dans la cuisine, les filles font une ronde et chantent leur joie. Mais dans trois mois –

VII

Il était connu sous le nom de Bon-homme Fish ou Père Fish, du fait qu'il passait dans les rues du village, en criant Fish. Les vieux citoyens des Trois-Pistoles se rappellent encore de sa jument Mous-seline attelée à un tombereau chargé de poissons. Il apostrophait souvent les dames en leur demandant : « Fish-tu à matin ? » Il portait dans l'exercice de son métier un vêtement de cuir tout d'une pièce, comprenant bottes et culotte, fait de deux « côtés de cuir » cousus ensem-ble. Le dimanche, il endossait une redin-gote pour aller à la grand'messe.

DAMASE POTVIN,
Le Saint-Laurent et ses îles

Il y avait peu de monde, que quelques clients assis au bar et contant fleurette aux wétrices dont les visages étaient bleus à cause des éclairages. Nous, nous étions dans la noirceur, au fond du cabaret où nous avait entraînés l'oncle Phil Deux en bousculant les tables et les chaises, pressé d'arriver et de s'asseoir après la marche sous la pluie qui nous avait surpris à mi-chemin entre la maison et le Café du Nord – ce refuge préféré de Malcomm qui venait, avec Abel, admirer les savants déhanchements de Marie dont le mince cache-sexe dissimulait mal l'épaisse forêt de poils noirs obstruant l'entrée de la douce caverne. Et cette espèce de langoureux dévissement du tronc, cette présentation des seins étoilés dans la face des buveurs furieux de désir, appelant dans la bière la copulation hystérique et orgiaque et violente. Tonnes de houblon versées dans les orifices larges, fendillement de la chair, éclatement des muscles se crispant dans les étreintes fougueuses, colère du corps frustré, colère noyée dans la musique, les éclats de voix, les raclements de gorge et les verres s'entrechoquant.

Mais le soir, les paquets d'os fatigués à côté de soi, la pauvre femme lasse et fragile et scrupuleuse qui ne permet que la fornication simple, les baisers sur les seins et sur la bouche tandis que les reins se soulèvent et s'abaissent selon la vieille leçon apprise par cœur. Cinq minutes peut-être, et l'échauffaison dans le vagin et sur le bout de la queue : « Finissons-en, tu veux ? », et la ruade, la succion aspirée, la perte du membre quelque part entre les fesses mouillées, puis l'envie de brailler à cause de tout ce qui aurait pu se faire.

L'oncle Phil Deux dit :

– Je me sens mieux. La pluie m'avait traversé comme une éponge.

Pa me sourit. C'est la première fois qu'il entre dans un cabaret depuis que nous sommes déménagés dans le Grand Morial. Il jette des regards curieux autour de lui, comme un enfant que la nouveauté impressionne et qui, une fois qu'il sera couché dans le petit matelas bosselé, se mettra à rêver, à imaginer des horreurs dont il sera toujours tenu éloigné. L'oncle Phil Deux boit rapidement, vide l'un après l'autre de nombreux verres de bière. Il redresse la tête, comme s'il avalait du petit blanc, puis il rote et je devine l'animosité de Pa qui s'éveille en lui et rapetisse la fente de ses yeux. L'oncle Phil Deux et Pa ne doivent pas beaucoup s'aimer :

– Quand on était petits, c'est ton père qui prenait soin de moi, dit l'oncle Phil Deux. Il fallait que je le suive tout le temps, que je marche derrière lui comme un chien de faïence, que je lui obéisse.

Pa lève la main, blanche comme la mort dans l'obscurité :

– C'était pas ma faute. On me forçait à faire ça. Pépère avait sa boutique de forge, puis ça prenait tout son temps, on était seuls tous les deux, il fallait que j'aie de l'initiative. Dès que tu sortais de dessous les jupes de Mam, t'étais plus capable de rien faire. Tu braillais tout le temps, maudit.

L'oncle Phil Deux hoche la tête :

– Ouais, t'as bien des fois raison. Tout le monde est coupable dans ces histoires-là, et c'est de la faute à personne si on a failli devenir des femmelettes. Quand t'es élevé avec un lot de filles qui jouzent du piano, t'as pas le choix, baptême : tu perds ta queue !

Pa rit, boit une gorgée d'alcool. Il n'a pas envie de se battre aujourd'hui, à cause de Mam fatiguée qui s'était endormie lorsque nous sommes sortis pour faire plaisir à l'oncle Phil Deux qui voulait marcher un peu et boire à son aise, sans se croire rationné par les filles ne débouchant jamais qu'une bouteille à la fois et attendant bravement que l'oncle Phil Deux devienne impatient et fasse semblant de boire dans le verre vide, avec, dans sa face, comme une expression de dégoût. L'oncle Phil Deux dit :

– Jos, tu bois seulement du seven-up ? Un gros gars comme toi, si ç'a de l'allure !

– Tiens, c'est vrai, Jos : j'avais pas remarqué ça.

Tous les prétextes sont bons lorsqu'on veut converser mais qu'on ignore ce qui doit être dit. Peut-être toute la journée se passera-t-elle ainsi et serons-nous privés de la grâce du mot bénit qui aurait pu couler de nos bouches comme d'un torrent, nous entraînant, pauvres épaves du dimanche que nous sommes, dans les vallées du Géant vert de l'aventure où nous aurions eu la certitude d'être autres que nous-mêmes, c'est-à-dire neufs et barbares et conquérants et chevaliers d'Apocalypse et Tamerlans féroces entourés de têtes coupées faisant autour des forteresses du rêve des pyramides de crânes sanguinolents. Pa disait :

– On rêve petitement quand on vient de Saint-Jean-de-Dieu. On a pas le cerveau comme une grosse machine, on est tout près des choses, tout près du passé et habité par les souvenirs des autres. L'imagination des vieux, de ce qui nous a précédés, de la misère que nous continuons, des chances manquées de jadis. On pourra jamais aller bien loin. Il y a trop de lacs et de rivières dans ce maudit pays, et pas assez de ponts.

La boîte à musique s'est mise à jouer, un air de rock qui m'empêche de comprendre ce que disent Pa et l'oncle Phil Deux qui se sont rapprochés l'un de l'autre pour mieux s'entendre. Pendant ce temps, Abel regarde au plafond où la roue du chariot de lumière vient de s'allumer, diffusant des gerbes mauves de feu sur les murs et sur le nez de l'oncle Phil Deux gigantesque tout à coup.

Jadis, il y avait les fesses pulpeuses de Marie, obscènes dans le jet du spot faisant un carré de lumière qui partait du fond du cabaret et venait s'échouer sur son cache-sexe transparent. Marie aux yeux hagards, Marie séparée d'elle-même, froide comme la mort dans sa peau huilée et parfumée que les buveurs convoitaient de leurs regards fiévreux, Marie dont les seins ficelés d'étoiles-clochettes étaient comme la danse sauvage de demi-lunes affolées, Marie tout entière promise au sacrifice de la nudité et emportée dans la fureur de la musique démentielle, Marie qui projetait ses membres aux quatre vents et dénouait ses muscles et faisait rouler sur le tapis de l'estrade les étoiles-clochettes tandis que le spot ouvrait son sexe velu. Et Marie frissonnait à cause des dizaines d'yeux se fixant à la hauteur de son vagin. Et la musique venant près de se taire, elle faisait la split, touchait de la tête le plancher, se relevait, ramassait ses oripeaux et se mettait à courir vers sa loge, enveloppée par un tonnerre d'applaudissements. Il y en avait peu qui ne bandaient pas.

L'oncle Phil Deux s'est remis à parler. Il dit :

— Il y avait ce chien qui venait toujours faire ses besoins sous le perron. Rien pouvait l'arrêter, on aurait dit qu'il avait loué sa place sous les marches. Alors un jour, on s'est tannés. On a cerné le chien dans un coin, on l'a poigné et traîné dans un hangar derrière le cimetière et là, on lui a fait son affaire : on lui a lavé son baptême de cul avant d'y mettre de la térébenthine à grands coups de pinceau. Le chien a décollé, la queue de chemise en feu, en zigzaguant puis en se frottant le derrière dans la terre. Mais il s'est fait frapper en pleine rue par le tracteur de George É. Pitt morvant sur sa machine et chantant en brayon une espèce de reel sans queue ni tête.

Pa sourit toujours. L'oncle Phil se tape sur les cuisses et enchaîne :

— Les Brayons, faut dire qu'ils étaient pas mal drôles, hein Charles ?

Pa fait oui de la tête et Abel questionne, intéressé tout à coup par cet exotisme qu'il devine dans les mots brayons et Georges É. Pitt :

— Qui c'étaient ces gens-là ?

— Les Brayons, on sait pas trop d'où ça venait, d'Acadie probablement, en tout cas de l'est parce que le curé Bartholémy qui connaissait leur langage était né par là lui aussi, dans la roche, près du fleuve, et à cet endroit où il devient large comme une mer infranchissable et désert si on compte pour rien les oiseaux blancs puis les douze ou treize petits bateaux de pêche à morues.

L'oncle Phil Deux s'arrête, il a perdu le fil de son idée, il s'est égaré dans les moutons de l'eau, son regard est vide, il a besoin de notre aide pour se reprendre en mains. Abel vide ce qui reste au fond de son verre. Il dit :

— Mais les Brayons, ils sont venus aux Trois-Pistoles de quelle manière ?

— On sait pas. Pépère racontait qu'on les avait vus arriver un matin de printemps, ils étaient peut-être une douzaine juchés sur une vieille charrette tirée par une picouille, et ça chantait en regardant le monde dans les yeux, effrontés comme tous ceux qui viennent de l'est. C'étaient des pauvres, des quêteux, des rats d'hommes et de femmes qui se sont installés dans le vieux moulin à farine abandonné près du fleuve, au beau milieu de la vermine et des cochonneries qui faisaient tout autour des montagnes. Le vieux moulin, c'était devenu une dompe pleine de mouches noires et où on se risquait pas souvent, en été, et seulement quand on marchait sur les traques des gros chars pour ramasser du charbon. Ces gens-là, on les a appelés les Mantines, je sais pas pourquoi, peut-être parce qu'ils étaient pas du monde comme nous autres, que les filles avaient l'air de grandes bêtes affamées dans leur habillement de garçon et la saleté, et aussi parce que personne parmi eux n'allait à la messe.

L'oncle Phil Deux fait une pause, remonte ses lunettes qui ont glissé sur son nez troué :

— On a chassé les Mantines des Trois-Pistoles quand on a compris que Georges É. Pitt couchait depuis les débuts avec ses filles. Charles et moi, on se rappelle de ça, on les a vus partir, toujours juchés sur la vieille charrette que tirait maintenant le tracteur, et les filles avaient dans leurs bras deux bébés. Pour nous, Georges É. Pitt, c'était un peu Satan, on aurait dit qu'il traînait la fin du monde dans sa charrette dont les roues bardées de fer faisaient un bruit d'enfer dans les rues des Trois-Pistoles. C'était bien assez pour nous faire rêver la nuit, et je me rappelle que Charles disait que Georges É. Pitt avait dans son pantalon une longue queue de diable qu'il sortait dans le noir pour battre ses filles flambant nues devant lui.

L'oncle Phil Deux éclate, son rire investit la place, se développe en ondes concentriques, fait des remous et aspire, dans un bruit de succion, les buveurs flous, plus nombreux maintenant qu'il est tout près des trois heures. Pa dit:

— Faudrait bien partir. Pour Mam.

— Une petite dernière, puis on sort.

D'un geste de la main, l'oncle Phil Deux appelle le wéteur dont le papillon, sous le menton, est phosphorescent. Il dit, montrant les verres:

— La même chose, baptême. À moins que Jos se décide enfin à prendre autre chose qu'un seven-up?

Je fais non de la tête. L'oncle Phil Deux hausse ses petites épaules:

— As-tu fais un vœu?

— C'est un peu ça, oui.

— Bien baptême, j'aurai tout entendu!

Il part d'un grand éclat de rire. Pa me regarde, presque incrédule parce que mes brosses sont légendaires dans tout le territoire de Morial Mort. Seul Abel n'a aucune réaction.

Mais les hommes roses de l'orchestre grimpent sur l'estrade, leurs guitares accrochées à leur cou

– cheveux pommadés, bouclés et teints, tout en
brillantine, avec les souliers mexicains à talons hauts,
et leurs gros derrières de femelles dans les pantalons
trop ajustés.

– Tu parles d'une belle gagne de pas baptêmés !
On dirait des Mantines arrivés en ville !

Les gestes des musiciens ploguant leurs appareils
électriques, jouant quelques notes, tournant des clés.
Les amplificateurs trop sonores qui grincent. Le bat-
teur impatient qui fait vibrer les disques dorés pendant que le maître de cérémonies arpente l'estrade,
joue avec son dentier et mémorise sa leçon écrite sur
des cartons qu'il glisse dans la poche intérieure de
son veston dont les dorures brillent de mille feux
sous les spots. Puis arrive la girlie, presque nue, qui
n'a pour tout cache-sexe qu'une bande de tissu rosé
glissée entre ses deux fesses et faisant une boucle sur
le mont rasé, et les épaules tatouées, le nombril dessiné comme un cœur, les seins lourds au bout desquels pendent les banales clochettes qui tintent, et un
horrible chapeau dur sur la tête. L'oncle Phil Deux
est tout œil, Abel me regarde en souriant malicieuse-
ment, puis Pa semble vouloir dire : « Une belle
écœuranterie, hein ? »

Et la musique se prépare, les musiciens se consul-
tent, le maître de cérémonies est venu pour faire son
numéro, la face ravagée par des tics grossiers qui lui
ont attiré les quolibets des buveurs furieux parce
qu'il masquait, avec son corps épais, la jolie girlie.

Dehors, il pleut à verse. Il fait presque noir à
cause des nuages qui déferlent au-dessus des blocs
rectangulaires. Rien que des briques brunes, de longs
escaliers, des cordes à linge, des poubelles renversées

dans les ruelles, des fenêtres sales, des cours dégazon-
nées et investies par les carcasses rouillées des vieilles
automobiles, ou par des baignoires de fonte, ou par
des poêles usés dont le gros câble électrique est
comme un cordon ombilical séché dans le nombril de
la machine. Et des enfants qui, par grappes, sautent
les clôtures, se réfugient sous les perrons pour se mettre à l'abri des avalanches d'eau. Et des enfants qui
regardent des photos de femmes nues figées dans des
poses obscènes – pour mieux se raconter des histoires
grivoises et salées. Au loin, les eaux pourries de la
rivière des Prairies ont fait des taches brunes le long
des rives, ont maculé les piliers du pont, ont dessiné
des nénuphars d'étrons autour des petites îles qui
sont comme des ceintures de matières fécales au beau
milieu de l'eau troublée, de l'eau rendue gluante à
cause des bouches d'égout qui sont pareilles à de gros
yeux informes dans le cloaque où meurent par
asphyxie les poissons. Barbottes aux mornes écailles,
défigurées, comme des mongols, comme des têtes
d'eau enfermées dans le Saint-Jean-de-Dieu de la rivière pourrie.

L'oncle Phil Deux ne s'est plus arrêté de parler,
provoqué par Abel qui le questionnait et l'empêchait,
par ce fait même, de regarder à son aise le spectacle
compliqué de la girlie dont le corps était une corde
du zen, adorable dans la beauté des muscles puis-
sants et souples s'offrant en sacrifice aux voyeurs à
moitié soûls. C'était le passé que poursuivait Abel, en
le traquant désespérément dans la personne de l'oncle Phil Deux qu'il voulait s'approprier pour ne plus
être coupé du monde, pour creuser son enracine-
ment, pour se reconnaître, pour ne plus avoir à se

baptiser sans cesse de nouveaux noms insignifiés et incapables de s'exorciser, pour ne pas devenir fou de cette folie douce et heureuse qu'est la lâcheté, la vie ficelée à l'arbre de la facilité qui n'est que l'envers de la dépossession des Beauchemin.

L'oncle Phil Deux est las, il ne dit plus que des banalités, il est incapable de se souvenir, prisonnier qu'il est désormais de son ivresse qui a rapetissé ses yeux rouges dont les pupilles dilatées font penser à un grand lapin à moitié fou. Pa dit:

— Moi je pars. Faut que j'aille voir pour Mam.

Il se lève malgré les protestations de l'oncle Phil Deux, tire sa chaise qui racle le terrazzo.

— Vous venez avec moi, les jeunesses?

— On s'en va dans dix minutes. Reste donc, baptême!

— Je peux pas. À tantôt.

Et le dos courbé, Pa se dirige vers la porte. L'oncle Phil Deux a commandé une autre bouteille de bière. « Tu bois pas, certain? » qu'il m'a dit en bégayant, ce qui est le signe qu'il est tout à fait soûl et qu'il ne sait plus très bien ce qu'il lui arrive.

Quelques couples sont maintenant sur l'estrade et dansent un slow en se donnant des coups de genoux. Au-dessus du bar, le téléviseur montre ses images silencieuses, avec une fin de film miteux, sans doute de la belle époque avec toutes ces femmes aux cheveux affreusement bouclés et aux robes froufroutantes qui cachent les chevilles et les seins plats et les fesses rentrées. Toujours ces images uniformes du sexe débriscaillé, à la grâce triste et malsaine et pleine de fard. L'oncle Phil Deux dit:

– Charles, c'est un homme triste. Il a toujours eu peur du monde. Il a jamais été capable de s'amuser. Il aurait fait un baptême de bon curé, avec le bréviaire, les lunettes sur le bout du nez, le confessionnal, les sermons, l'encens, puis les enfants de chœur, puis le tabernacle, puis l'encensoir. Charles, il voulait toujours jouer au curé quand on était petits. Il dressait un autel dans la cour, derrière la maison, vis-à-vis du cimetière. Il mettait ses oripeaux taillés dans du papier brun qu'il volait à la boutique de forge et qu'il peinturait comme des outils de prêtre. Puis il se mettait à dire toutes sortes de foleries dans une langue qu'il inventait au fur et à mesure, en faisant de grands gestes, des génuflexions, des signes de croix et des « ainsi soit il » qu'il criait presque assez fort pour réveiller les morts dormant sous six pieds de terre en face de nous.

Tandis que l'oncle Phil Deux raconte tout ça à Abel, moi je pense que c'était grand-père le fossoyeur du cimetière. J'allais souvent le voir creuser des trous qu'il faisait dans la terre, avec précaution, lentement comme si cela avait été un travail qui demandait beaucoup d'adresse. Je voyais les croix, les gros arbres pleurant dans le vent, les feuilles roulant sur les talus, les couronnes fanées jetées sur les tombes fraîchement enterrées et, loin derrière, à moitié enfoui dans la brume, le clocher de l'église des Trois-Pistoles construite par le diable, m'avait dit grand-père.

C'était l'automne, les odeurs du fleuve que charriait le vent, mélange de pourriture des algues échouées sur la grève et des crottins de cheval qui faisaient un gros tas derrière la boutique de forge. Assis sous un arbre, je regardais grand-père tout en sueurs maintenant, ses énormes épaules roulant sur elles-mêmes, faisant sans cesse les mêmes mouvements de rotation. Et les raclements de la pelle sur les pierres, les ahanements de grand-père, les blocs de terre glaise soulevés au bout des bras et éclatant au-dessus du trou élargi, si profond que je ne voyais plus que la tête de grand-père, toute blanche avec, parfois, sur ses lunettes ou sur les plaques cuivrées de ses bretelles, l'éclatement du soleil. « J'ai fini, petit. » Grand-père sautait hors du trou, plantait ses outils dans la terre et regardait au fond de la fosse :

– Quand il y a eu le fléau de la grippe espagnole, sais-tu qu'on a enterré des gens qui étaient encore vivants ? Il paraît qu'il y en a qui se sont retournés dans leur tombe parce que lorsqu'on a changé le cimetière de place, il a bien fallu les déterrer et qu'on en voyait qui dormaient maintenant sur le côté.

Peut-être était-ce à cela que pensait grand-père penché au bord du trou noir, et je le regardais qui était immobile, fixé dans sa pensée qui l'aspirait, déformait sa bouche, lui faisait serrer ses gros poings, et je me rendais compte que grand-père était devenu aveugle, qu'il était dans le noir, que sa réflexion avait creusé dans la terre un grand trou noir où s'empilaient des milliers de corps morts et puants sur le dessus desquels il y avait grand-mère, toute petite et toute déformée dans sa vieille robe à pois bleus, et Pa, et tous ses enfants, et toute la parenté, les frères missionnaires en Afrique, dans le Nord-Ouest, en Acadie, les cousins émigrés en Nouvelle-Angleterre ou refaisant leur vie dans le Grand Morial, les camarades d'enfance pour qui il avait ferré tant de chevaux et forgé tant d'instruments de labour et été tant de fois porteur à leurs funérailles – j'avais devant moi la vision du monde se résorbant, devenant entonnoir de vie brisée, de vie purulente grugée par la vermine, et je tirais grand-père par sa manche, et il sortait de sa pensée, écarquillait les yeux, disait : « Qu'est-ce qu'il y a, petit ? » –

L'oncle Phil Deux dit :

– Une femme, faut que ça soit bien en chair, faut que les tétons puis les fesses soient bien là.

Il est devenu de plus en plus loquace et il ne pense même plus à relever ses lunettes qui lui pendent sur le bout du nez et derrière lesquelles on voit de gros yeux rouges, des yeux de poisson mort. Abel rit, ses épaules tressautent. Je vois ses dents cariées au fond de la bouche. Tout autour de nous, des buveurs parlent aussi, lèvent le coude joyeusement, pianotent du bout des doigts sur les tables, battent la mesure avec leurs pieds, se laissent tenter par les filles qui sont devant eux, belles dans l'obscurité et l'alcool qui cachent les boutons, les peaux grasses, les rides, les yeux croches, les faux seins et cette laideur au fond d'elles, qui montera à la surface une fois qu'elles seront sorties du Café du Nord, et démasquées.

Je regarde la télévision muette au-dessus du bar. C'est un match de hockey, et je pense à Mam, je la vois au Forum où nous l'avions emmenée Abel et moi, un mercredi soir, il y a déjà quatre ou cinq ans de ça, pour qu'elle comprenne le jeu et Pa qui ne manquait pas une seule joute à la télévision, Pa qui passait son temps à lui dire : « T'aimes pas le hockey parce que tu connais pas les règlements. Va voir une équipe jouer, puis on en reparlera. » Mam ne voulait

pas venir, elle avait longuement refusé, inexplicable-
ment. Peut-être craignait-elle d'avoir le vertige une
fois assise sur son siège dans les gradins d'en haut, à
quelques pieds de la toiture métallique où la fumée
faisait des nuages gris. Peut-être craignait-elle la
foule, les milliers de silhouettes qui seraient, vues
d'aussi haut, comme une galette au sirop bouillonnant dans le fourneau et dont les bulles éclateraient,
découvrant pendant un moment la chair de farine
encore blanche, puis rosée comme l'est un sang pauvre en fer, puis brunâtre. Une gale affreuse, et ce
serait ça que deviendraient pour Mam les milliers de
silhouettes vues d'aussi haut, une gale, une tumeur
galopante qui la ferait vomir dans les gradins. Et elle
se mettrait à débouler, amas d'os et de peau brisés
dans le grand escalier de béton, et elle irait s'arrêter
sur la baie vitrée qui se casserait sous le choc. « Pas
trop loin, hein Jos ? Pas trop loin », avait-elle supplié
en me donnant le bras. Nous marchions dans le hall
du Forum trop éclairé, bousculés par de ventripotents amateurs mâchant du chewing-gum et regardant sur les murs les photos géantes des joueurs célè-
bres. Mam s'accrochait à moi et à Abel, elle avait
même voulu me suivre lorsque j'étais allé au guichet
prendre les billets. Tout ça la dépassait, elle était
secrètement apeurée et tendue, je le voyais bien
quand je la regardais qui se tenait immobile à côté
d'Abel, ses mains croisées sur son manteau, et pres-
sant contre elle son sac.

Et je l'aimais, elle si démunie tout à coup, si éga-
rée dans ce monde confus qui ne lui rappelait rien de
ce qu'elle connaissait, ni sa cuisine, ni la salle de jeux
avec la télévision, le calendrier religieux et le bout de

rameau accroché sur la porte de la garde-robe, ni les voix feutrées des enfants à cause de Pa éreinté et ronflant dans la chambre, ni le balcon d'où elle pouvait voir tout le monde, c'est-à-dire une bonne partie de la rue Monselet, le petit parc pour enfants en haut de la côte, l'église, les feux de circulation, la biscuiterie, la poissonnerie et le Morial Mort Supermarket où moi, son fils bien-aimé, je travaillais pour gagner ma vie, pour ramener l'espoir et la joie et le monde connu, apaisant, immobile de jadis à Saint-Jean-de-Dieu et aux Trois-Pistoles, le monde tranquille d'avant le chaos, avec le fleuve et l'Île-aux-Basques et le Petit-Canada et la rivière des Trois-Pistoles et les grands-parents morts maintenant et la vie assurée et si douce dans la grande maison dont le solarium se remplissait de soleil les matins que Mam faisait, dans la grande machine blanche, le lavage du linge et dehors, dans le sable, et derrière la maison, les enfants criant et cherchant dans le fossé les poules mouillées et mortes jetées là par le voisin.

– On a de bons billets, Mam. On est dans la troisième rangée.

Elle avait souri timidement, ses beaux yeux bleus, les yeux de grand-père levés vers moi, et soumise elle était dans son manteau trop long et ses gros souliers de femme aux jambes fatiguées.

Nous suivions le mouvement de la foule, nous laissant malmener par les bousculades, Abel et moi de chaque côté de Mam prise dans le tourbillon. Elle regardait les gradins se remplissant, puis la machine jetant sur la glace une mince couche d'eau, puis les caméras de télévision, puis en face les loges des joueurs, et les policiers immobiles dont les badges lançaient des jets de lumière. « C'est ici, Mam. Faut monter ici. » Elle m'avait donné la main, maintenant émerveillée comme une enfant, souriante parce qu'elle était enfin arrivée, qu'elle était assise et en sécurité entre Abel et moi, Abel silencieux comme elle, et qui regardait le programme-souvenir.

Des joueurs arrivèrent enfin, escortés du coach, gros homme bedonnant aux joues de bouledogue. « Comment ça marche ? » dit Mam. Abel lui expliqua lentement les subtilités du jeu, elle n'y comprenait rien mais ne voulait pas le laisser voir pour ne pas nous décevoir, elle disait : « Oui, oui, je sais ce que tu veux dire, Abel. C'est simple après tout. » Elle regardait les joueurs des deux équipes qui sautaient sur la glace, se mettaient les uns en face des autres pour entendre les hymnes nationaux. Mam disait : « Ils sont si gros. Est-ce qu'ils font seulement ça dans leur vie, jouer du hockey ? » Abel n'eut pas le temps de répondre, le jeu commençait, la foule bougeait autour de nous, murmurante, sifflante et hurlante, emportée par le mouvement des joueurs et par la rondelle frappant les bâtons, glissant sur la surface glacée, faisant vibrer la bande sur laquelle venait de tomber les joueurs à la face déjà luisante, déjà mouillée de sueur et, lorsque je regardai Mam, je vis qu'elle n'acceptait pas ça, que bientôt elle allait me dire : « C'est des grands hommes, Jos, qui sont forts : j'ai vu leur cou de taureau, leurs épaules, la rudesse qu'ils mettent dans leur jeu, leur vitesse. J'ai vu tout ça, Jos, mais pourquoi est-ce qu'ils courent après un pauvre petit morceau de caoutchouc ? »

Elle avait mis sa main sur mon bras, ses yeux tristes fixés sur le filet où un joueur venait de tomber. Et son front, en heurtant la glace, avait eu un bruit sourd, un bruit de melon qu'on échappe sur le béton, et le sang s'était mis à couler dans un jet puissant, et des brancardiers avaient glissé jusqu'à lui, entourés par les joueurs qui étaient comme des aigles aux ailes coupées. « Je ne peux plus rester », dit Mam. « Je suis plus capable. Allons-nous-en. » Elle pleurait en se cachant la face derrière son mouchoir, et sa tristesse faisait mal, j'avais l'impression que nous venions tout à coup de plonger au cœur de l'absurde, dans un monde spongieux et humide et enfumé et ensanglanté. « Faut pas pleurer pour ça, Mam. Voyons donc », avait dit Abel quand nous avions poussé la porte et avions senti, en mettant les pieds sur le trottoir, le vent froid cingler nos visages. Mais Mam n'était plus capable de s'arrêter, elle sanglotait de plus belle, avalée par sa souffrance, et nous dûmes nous résoudre à héler un taxi pour la ramener à la maison –

Il est près de cinq heures maintenant. Le soir est déjà tombé. Dans la ruelle derrière le Café du Nord, il fait aussi noir que lorsque le pauvre Malcomm y a été jeté et battu et blessé sauvagement par une bande d'Italiens lubriques qui s'étaient emportés parce qu'il avait pincé les fesses d'une pauvre fille qui était avec eux et qui, dans son ivresse, l'avait sans doute pris pour un autre, lui avait fait de l'œil, avait accepté d'aller avec lui sur l'estrade où il l'avait longuement embrassée sur la bouche, ses grandes mains posées bien à plat sur son cul qui était superbe, une véritable fleur de chair que tout le monde aurait volontiers mise à nu pour le seul plaisir de disparaître en elle, d'être aspiré jusqu'aux testicules et de sentir, au bout de la queue, les aiguilles de l'intestin piquer la peau et la faire saigner. En bâillant, l'oncle Phil Deux dit :

– Tu pars déjà toi aussi ?

– J'avais oublié que j'avais quelqu'un à voir.

– Salut, Jos.

C'est Abel qui a levé la main vers moi, ivre et heureux en face de l'oncle Phil Deux dont les yeux sont si petits maintenant qu'on dirait des filets rouges dans sa face d'alcoolique malade d'épuisement. Et brusquement, je me demande : « Mais qu'est-ce que je suis venu faire ici ? » et je m'élance vers la sortie que surveille un affreux gorille aux grandes oreilles décollées.

VIII

Le soleil du matin resplendissant sur l'épée de bronze, où il n'y avait déjà plus trace de sang. « Le croirais-tu, Ariane ? dit Thésée, le Minautore s'est à peine défendu. »

JORGE LUIS BORGES,
La Demeure d'Astérion

La petite voiture sport file à toute vitesse. Marie n'aime pas la pluie ni le mouvement des grands arbres le long de l'avenue déserte. Elle dit:

– J'aguis ça parce que ça me fait penser à la mort. La première fois que je suis partie de la maison, il faisait un temps de même, on aurait dit que c'était la fin du monde.

J'ai peur qu'elle ne se mette à parler de son passé alors que je tiens à l'image que j'ai encore de son corps, qui est comme un creux en elle, comme une tache de virginité dont la défloraison ne pourra que nous faire du mal à l'un et à l'autre, peut-être même nous détruire. Mais Marie se tait et n'enfonce pas plus avant dans ses souvenirs, se concentre sur sa petite voiture sport. Les gouttes de pluie claquent comme des coups de fouet sur la capote mobile.

– J'avais peur que tu viennes pas. Sais-tu que j'étais inquiète?

Elle tourne le bouton de la radio. La bague à son doigt scintille brusquement. Puis la musique vient, comme un fleuve, nous noyer dans le silence. J'ai l'impression de couler à pic dans un sous-marin de poche, d'avaler des bulles de notes qui font battre plus rapidement mon cœur. Les yeux à demi-fermés, je regarde la face de Marie, luisante dans l'obscurité coupée régulièrement par les lumières le long des rues. Le grand nez droit, les lèvres pleines, entrouvertes, mordues parfois quand le trafic devient plus

dense et oblige Marie à ralentir. Les cheveux attachés derrière la tête. Le front haut et traversé, près
de la tempe gauche, par une veine minuscule qui se
gonfle quand elle s'excite à cause de la lenteur des
voitures devant nous. Les seins généreux et décou-
verts. Les cuisses nues et le pied fin posé sur l'accélérateur.

Nous avons maintenant traversé presque tout le
territoire de Morial Mort et, je ne sais pourquoi, un
sentiment de culpabilité est venu me tourmenter. Est-
ce à cause de Mam, de l'oncle Phil Deux, d'Abel ou
de Pa ? Est-ce plutôt ma sécheresse, mon manque de
générosité, qui m'ont frappé après m'avoir fait fuir
en avant tout l'après-midi ?

La petite voiture sport s'immobilise lentement le
long du trottoir.

— On est rendus. T'en viens-tu, Jos ?

Je sors, faisant claquer la portière, et cours à la
suite de Marie vers la maison impersonnelle de briques brunes à trois étages, pareille en tout point aux
autres construites dans l'avenue. Série interchangea-
ble, symbole de la grande fourmilière anarchique.

Marie fait tourner la clé dans la serrure et j'entre
après elle. Il y a un peu de pluie dans ses cheveux et je
l'embrasse sur le lobe de l'oreille. Je voudrais lui
dire : « Ôte tous tes habits, mets-toi nue devant moi
pour que je sache si je saurai. » Mais je hausse les
épaules et vais m'asseoir sur le divan. Je suis un
enfant que la méchante sorcière a enlevé, je vais mourir, on va me crever les deux yeux parce que j'ai
acheté des photos cochonnes et passé mes pouces sur
les monts de Vénus obscènes.

— Tu prends-tu du whisky, Jos ?

– Je bois plus.

– Alors quoi?

Elle me regarde, tout étonnée, la bouche ouverte sur ses dents blanches, le gros fiasque à ses pieds. Je vois le slip blanc au bout de ses cuisses et ça m'est une provocation. Quand j'étais petit, je voyais souvent Mam se pencher sur les armoires de la cuisine, et elle était toute nue sous sa robe, et pleine de poils noirs qui étaient comme une bête tapie dans le creux de l'entrejambe.

– Un café, c'est ce que je prendrais.

Marie remet le fiasque dans l'armoire, ferme le panneau, se redresse. Elle semble préoccupée et malheureuse comme tout. Je dis:

– Qu'est-ce que t'as, Marie?

Elle ne répond pas, disparaît dans la cuisine où elle fait de la lumière. En attendant qu'elle revienne, je songe au rêve de cette nuit.

Je marchais dans le noir avec Marie dont la face était pleine de tumeurs, je lui tenais la main parce qu'elle pleurait, et le vide était derrière nous, angoissant, le vide nous forçait à courir vers une petite maison dans les ténèbres. Je disais:

– Viens là-bas, on ne pourra pas être mangés ni même détruits.

La face de Marie n'était plus qu'une plaie mousseuse, qui me brûlait le torse quand ça tombait d'elle qui disait:

– Les feuilles rouges se détachent des arbres en automne.

Nous frissonnions tous les deux, nous haletions comme des bêtes, terrorisés par les panneaux de roc qui s'écroulaient derrière nous et répandaient dans le monde les odeurs écœurantes du soufre. « Nous arrivons, Marie, nous arrivons. »

Et bientôt nous montâmes les marches de l'escalier et pénétrâmes dans l'étrange maison déserte et illuminée dont les tapis roulants allaient nous conduire au centre de la terre, dans le creux maternel qui était comme un ventre, une enveloppe, une poche accueillante. Tout devint bientôt obscur, des ombres nous pénétrèrent, firent craquer nos os – nous avions l'impression que nos doigts nous étaient arrachés et qu'ils devenaient tout à coup des objets maléfiques, des forces ténébreuses qui allaient nous torturer et nous mutiler. Et toujours cette sensation d'être avalés par des bêtes vicieuses, d'être un orgasme perpétuel (les testicules gros comme des sacs, la queue allongée, lumineuse, gorgée de sperme. Les seins de Marie débordant d'elle, devenant des montagnes velues, la faisant culbuter dans la difformité). Marie disait :

– Nous allons mourir. Est-ce que ça se peut qu'on soit devenus des cochons qu'on va saigner ?

Des hurlements, une espèce de cri silencieux qui nous fit peur. Peut-être nous changions-nous en gnomes hideux ? Nous ne voyions en nous regardant que ces fausses dents phosphorescentes que nous avions tout à coup dans la bouche.

L'escalier mobile s'était arrêté, nous avions atteint le fond, il faisait froid, c'était plein autour de nous de corps devenus cubes de glace.

– Nous allons mourir, Jos. Nous allons mourir. Sauve-moi.

Nous nous mîmes à courir dans les galeries pleines de cadavres amputés de leur sexe, couvrant de nos mains sans doigts nos parties vitales. « Sauve-moi, Jos! Sauve-moi! » Et brusquement il y eut devant nous un cercueil doré et je reconnus, couché sur le ventre, mon frère Abel, nu et le corps percé d'espèces de broches au bout desquelles il y avait des bouchons de liège. Abel criait : « Restez pas ici ! Fuyez, fuyez ! Satan va vous pogner et vous mettre des poissons cannibales dans le cul ! »

Et nous vîmes dans son corps translucide un poisson rouge qui allait de ses pieds à la nuque, en faisant toutes les fois qu'il y arrivait, un bruit sourd –

Marie a allumé les lampes qui jettent un éclairage tamisé. J'identifie mal le décor maintenant, qui se perd dans les ombres, et c'est à peine si j'ai conscience que Marie m'a entraîné au salon. Je suis comme ivre, et lubrique sans doute puisque l'obligeant à s'asseoir sur mes genoux, je me mets à caresser Marie, peut-être pour chasser mon rêve et cette espèce de frisson qui me court sous le crâne et me rend fou de peur : « Restez pas ici ! Fuyez, fuyez ! Satan va vous pogner et vous mettre des poissons cannibales dans le cul ! »

Marie se glisse à côté de moi, elle ne permet pas à mes mains d'aller plus creux que l'encolure de sa robe. Nous n'irons jamais très loin tous les deux parce que nous sommes fatigués et ne savons pas nous aborder. C'est surtout le silence qui nous terrorise. Nous n'avons peut-être rien à nous dire, incapables que nous sommes de sortir de nous-mêmes, de nous abandonner au désir que nous éprouvons l'un pour l'autre, qui nous ronge, qui va nous tuer.

– J'ai mis du poulet à réchauffer, et il y aura du vin, de la tomate farcie et de la compote. Est-ce que ça te va ? »

Il me semble que je la vois pour la première fois, sa voix est neuve, à peine chantée. Je pourrais la confondre avec celle d'une speakerine de la télévision maintenant ouverte et dont les images, tantôt noires et tantôt pâles, jettent toutes sortes de lueurs dans la pièce et font sur la face de Marie des métamorphoses éphémères. Je dis :

– Tout ce que tu feras sera parfait, Marie.

Elle me quitte encore, je l'entends dans la cuisine où elle remue les ustensiles, elle sifflote, perdue au creux de son ignorance et de son amour pour moi. Dans la télévision, des joueurs envoient des boules dans de longues allées cirées. Ils étendent les bras, un genou sur le plancher quand toutes les quilles tombent. Derrière eux, des spectateurs bedonnants et lassés se sont assis, les mains chargées de chips vinaigrées qu'ils avalent en tapant mollement du pied.

– Est-ce que je peux fermer la télévision, Marie ? Et mettre un disque ? Ou la radio ?

– Fais comme tu veux. T'es chez toi ici, Jos.

Je me lève, tourne le bouton. Une lente musique, infiniment triste et lointaine, monte dans la pièce qui me paraît tout à coup plongée dans l'obscurité. Mon cœur s'est mis à palpiter, il me semble que l'on m'a revêtu d'une robe noire, qu'on a mis dans mes pieds des sandales et qu'on m'a envoyé dans les épaisses ténèbres de ma mort. Est-ce le salon qui est hanté, donnant refuge aux invisibles et aux inquiétants Bonshommes Sept Heures de la suggestion ? Je me vois en train de nous regarder, je me suis échappé de moi-même, j'ai grandi au point de perdre les dimensions de mon corps, et vus de si haut Marie et Jos paraissent être la même personne, ils font un corps non seulement avec eux-mêmes mais avec les meubles, les murs et la maison, et l'avenue rouillée et le quartier et tout le territoire de Morial Mort. Cette pensée me tranquillise, je me laisse bercer par la musique et le sifflement de Marie dans la cuisine :

– Ça va, tu peux venir, Jos.

Elle est là, derrière le rideau de bambou, souriante et trop belle, et bien mystérieuse. Je lui caresse la joue et m'assois. Elle a mis sur la table en chrome scintillant une nappe dont le motif est une grosse fraise délavée par trop d'usage. La soupe fume dans mon assiette. Mais pourquoi nous taisons-nous ? Est-ce si difficile de se perdre et de briser la perfection du cercle ? Quand allons-nous nous projeter l'un dans l'autre, nous déchirer de nos paroles et nous aimer dans les mots que nous ferons sortir de nous et qui brilleront comme des poissons dorés ? Nous ne voulons pas nous livrer tout de suite, nous sommes en train d'épier ce qui en nous n'existe pas encore. Peut-être même mon silence vient-il du fait que je vois les mains de Marie, ses ongles noirs et inégaux, des ongles d'homme, les ongles de Jack.

Ainsi donc nous ne parlons pas, nous savons que tout ce qui serait étranger à nous-mêmes peut, si nous ouvrons la bouche, nous emporter, nous liguer l'un contre l'autre, et nous avons besoin d'adoration, tant besoin qu'il nous faut être prudents, ne rien brusquer afin de ne point tomber de la corde raide sur laquelle nous marchons l'un vers l'autre, les yeux bandés, avec notre seule imagination pour nous protéger, de sorte que le risque est grand de ne jamais nous toucher, d'errer sans fin dans l'environnement de nos corps qui vont se flétrir dans l'attente et devenir de vieilles pelures ratatinées à l'intérieur desquelles il n'y aura plus que le pus de la suspicion et de la nostalgie.

Des sphères lumineuses se projettent dans l'espace des yeux de Marie, constituant des appels et des désirs. Derrière elle-même, des forces la soulèvent, je la devine tendre au-dedans de sa chair, et tout épanouie, et tout aveuglée de ma clarté. Il suffirait d'un mot peut-être audacieux, comme Samarcande, comme Pointe-aux-Trembles, et tout de suite il y aurait en elle la vision de son pubis, la vision du triangle de feu cousu à ses lèvres comme des épieux protégeant la cité parfumée, et Marie m'appartiendrait, elle serait conquise et fiévreuse.

Les morceaux de poulet refroidissent dans nos assiettes et je n'ai plus de buée dans mes lunettes. Un charme a joué dont je ne sais pas tirer parti, la spirale continue de tourbillonner, me prenant de vertige. Il faudra maintenant que je laisse le lent mouvement de descente s'accomplir, l'initiation viendra dans l'obscurité, elle sera aveugle et malaisée dans sa manifestation. Je me vois écartelé dans la chambre du Sud, hurlant ma douleur de naissance, des coqs énormes juchés sur moi et tenant dans leur bec de minuscules lambeaux de la chair de ma queue désormais pareille à un bout d'intestin sanguinolent, défigurée par les rapaces aux yeux vitreux, et je pleure, appelant Mam inatteignable au fond de la cuisine noyée dans les horreurs de la musique.

Marie a bu beaucoup de vin, ses joues sont rouges, ses yeux brillants. Mon silence l'amuse maintenant, elle le poursuit dans mes yeux et jusque dans le tremblement de mes mains. Quelque chose comme de la fierté allume son regard qui s'accroche en moi comme une vrille. Peut-être m'a-t-elle identifié désormais, peut-être connaît-elle le secret de mes forces et de mes faiblesses car je me sens brusquement comme viré à l'envers et palpitant. Je mets ma main devant ma bouche mais le rot ne vient pas, me reste pris dans la gorge. Pour la première fois, j'éprouve le besoin de parler:

– C'était bon.

Je m'essuie la bouche avec la serviette de table. Ce que j'ai dit à Marie suffit pour la désarçonner. Ses yeux s'éteignent. Qu'ai-je donc atteint en elle? Dans quel cercle ai-je pénétré par cette parole sans fondement? Où ai-je donc abordé, et que lui dire maintenant pour ne pas tout perdre d'elle qui, je viens de le comprendre, est folle et tout entière à sa fureur qui s'est saisie de son corps, l'a dénaturée, troublant ses organes, faisant de chaque geste ou de chaque mot dit une fanfare dont les sons démesurés la déforment, lui donnent une consistance étrange. J'ai tout à coup la certitude que toute sa vie est dans ses mains, et qu'elle est morte d'ailleurs; et puis, je ne vois plus que sa tête plantée au bout d'une pique et sa bouche, fendue jusqu'aux oreilles, se fige dans une grimace obscène. Et toujours le silence venant de nous deux, faisant dans la cuisine un désert brûlé. Nous sommes devenus des figures de pierre dessinées sur les frises des temples lointains, ou des idoles devant qui les Barbares feraient des sacrifices humains. Je vois des tables de marbre, des Vierges nues qu'on égorge et dont les mamelles coupées sont des demi-sphères dans le creux desquelles les grands-prêtres boivent le sang en psalmodiant avec frénésie. Je suis sûrement

fou moi-même : Marie ne m'a-t-elle pas empoisonné ?
Quel est donc ce calme qui se joue en moi ? Au fond
de quelle nuit de Walpurgis vais-je donc m'échouer ?
Marie dit :

– Voyons donc, Jos. Voyons donc.

Et je m'aperçois que je pleure vraiment, que mes
extrémités sont froides, que c'est ma sainteté qui se
défait en morceaux, sort de moi, s'écoule de mes
yeux en gouttelettes pures. Me faut-il vraiment vivre
cette caricature du déluge ? Qu'est-ce donc que cette
blessure que la seule présence de Marie a ouverte en
moi, non comme une fleur mais comme une plaie ? Et
si j'imaginais tout ça pour me créer, pour me donner
l'illusion d'être autre, pour m'inventer et pour fuir la
sécheresse de mon cœur ? Et si je jouais pour Marie le
jeu d'une subtile séduction dont peu à peu, je per-
drais le contrôle ?

– Mais qu'est-ce que t'as, Jos ?

La question de Marie reste suspendue dans le
silence. Ma queue s'est gonflée sous la table et d'elle
a jailli une longue plainte blanche et chaude qui a
mouillé ma cuisse. Je n'ose pas boire mon café parce
que j'ai peur que mes mains tremblantes me trahis-
sent.

Au milieu de la table, les chandelles se consu-
ment lentement, jetant dans la pièce des lueurs fauves
qui dénaturent les meubles, leur donnent des formes
ovoïdes. Peut-être sommes-nous au centre d'un aquarium et rêvons-nous que nous sommes humains ? Ma
tête me fait mal. La cuisine m'est tout à coup un étau
qui emprisonne mon corps, et je sens les morceaux de
poulet me remonter dans l'œsophage tandis que les
yeux de Marie, jaunes et brûlants de fièvre, fixent en

moi quelque chose qui refuse de se laisser découvrir et aduler. Dans le salon, la télévision joue toujours, remplissant l'espace d'ombres grises. Mon pantalon colle sur ma cuisse comme une plaque de sang et, à l'aide d'un doigt glissé dans ma poche, j'essaie vainement de lui faire reprendre son pli. C'est comme si j'étais nu devant Marie et difforme.

Et lorsque Marie se penche vers moi et glisse sa main sur la table, lorsque je vois ses doigts ramper vers les miens, je comprends que je viens d'être atteint par la main glorieuse, cette main froide et noire au contact de laquelle je sens tout mon être se révulser, se durcir, se figer dans le sang des artères. Marie retire aussitôt sa main, baisse les yeux. Elle dit :

– Tu veux un autre café, Jos ?

Je fais oui de la tête. Je reprends possession de ma vie. Le sang, par profondes saccades, me bat les tempes.

Marie s'est levée, je vois son dos nu et brun, cette tranche de sexualité qui est comme une blessure dans sa robe verte, et le désir d'elle me revient, m'inonde avec force. Je tente de balbutier : « Je t'aime, Marie », mais rien ne vient, je suis encore incapable de dire ça, toute ma résistance ne m'a pas quitté.

Je suis Marie au salon. Après m'être excusé, je vais dans les cabinets où je m'essuie la cuisse et la queue dont le bulbe est tout rouge. Je mouille mon pantalon pour faire partir la tache et je me regarde dans le miroir : ma face aussi est rouge, mes lèvres sèches, mes joues creuses. Je pense à Malcomm fou qui se regardait lui aussi dans la glace et ne se reconnaissait plus, croyant qu'on s'était emparé de son corps – je pense à

Belhumeur, ivre mort dans la petite chambre de la rue Saint-Laurent, nu et maigre, un long couteau dans la main, ses parties génitales dans l'autre, ses parties qu'il caressait, la grosse bourse flasque avec les deux marbres à moitié écrasés, et la queue amollie, et Belhumeur pleurait, et Belhumeur allait vers la commode dont le gros miroir à bascule lui renvoyait son image et, en fermant les yeux, il mettait son membre sur le rebord du meuble, brandissait le couteau au-dessus de sa tête et, tel l'ange vengeur, se mutilait au ras du corps dans un déluge de sang et de cris qui, finalement, le faisait tomber sur le plancher où il s'abîmait complètement dans la fin de son rêve.

Je jette le kleenex dans la toilette, fais aller la chasse d'eau, ferme la lumière et sors. Marie s'est assise sur le divan, elle se cure les dents devant la télévision. Elle dit :

— Viens voir ça, Jos, c'est une vue d'horreur.

Je m'assois à côté d'elle, passe mon bras sur son épaule, regarde ses seins qui, sous la robe, bougent au rythme de sa respiration. Le grain de beauté, noir et en forme d'œuf sur sa gorge.

— Regarde, Jos. C'est une mouche à tête d'homme.

Je laisse les seins de Marie et porte mes yeux sur l'écran où je vois, dans une toile d'araignée truquée, une mouche velue dont la tête, truquée elle aussi, est étrange, tout en longueur, comme si elle avait été aplatie sous un rouleau-vapeur. Marie frissonne, sa peau se couvre d'une chair de poule qui résiste même à mes touchers. Elle dit :

— C'est-y assez effrayant ! Tu trouves pas, Jos ?

Je réponds oui pour la forme mais la mouche à tête d'homme ne m'apeure pas. Quand les cauche-

mars ne viennent pas de moi, ils me terrorisent rarement. Ce sont mes inventions dont j'ai peur parce
qu'elles atteignent en moi quelque chose qui est fon-
damental et qui laisse ses fièvres dans ma tête. Il n'y a
rien d'atroce dans les créatures qui ne naissent pas de
soi. Peut-être Marie a-t-elle déjà fait un cauchemar
durant lequel une mouche à tête d'homme lui crevait
les yeux, ou lui pompait, par les narines, tout le sang
de son corps. Je l'étreins plus fortement et, pour la
première fois, elle ne résiste pas, ne retire pas ma
main ni son épaule. La mouche à tête d'homme s'est
prise dans une toile, elle pousse des cris affolés pendant qu'un petit garçon appelle au secours : « Elle est
là ! Elle est là, Pa ! Regarde dans la toile ! » Et il montre la bête hideuse à deux policiers qui paraissent
aussi terrorisés que lui. L'un d'eux finit par saisir un
caillou qu'il écrase sur la mouche à tête d'homme.
L'écran devient noir, puis il y a le mot de la fin, et un
speaker nous invite à demeurer à l'écoute pour une
autre émission.

Marie se tourne vers moi, il me semble qu'elle est
une petite fille que je tiens dans mes bras et que je
dois protéger des manifestations du mal, à qui je dois
dire un conte, quelque chose que je suis toutefois
incapable de formuler parce que je sens bien que ça
va se retourner contre moi et me blesser mortelle-
ment (la fameuse flèche empoisonnée dans le talon
du vieil Achille ?). Je la regarde, cette tendre Marie
dont les grands yeux tournés vers moi me supplient
de lui faire oublier la mouche à tête d'homme, et je
me dis qu'il est enfin venu le temps de l'initiation,
que je n'ai qu'à embrasser cette bouche pulpeuse
pour que la modification devienne possible, mais je

suis incapable de ça puisque je ne crois pas à la présence de cette femme ni à la majesté de ses pouvoirs. En train de me jouer à moi-même une comédie, me forçant au ridicule, me préparant à un jeu qui ne me convient pas. Je vois devant moi une pauvre fille défraîchie, grande buveuse et wétrice, et je voudrais me persuader qu'elle est la femme fatale, la Mère avec qui je vais commettre l'inceste attendu par lequel je me libérerai moi-même et continuerai ma lente marche vers la sainteté.

Je mets la main sur le genou de Marie que je caresse tout en lui mordillant l'oreille :

– Jos, quand donc est-ce qu'on va…

Elle n'achève pas sa phrase qui fait en moi un trou d'angoisse. Mes oreilles bourdonnent. Je vois une queue énorme fichée dans le vagin de Marie. Son ventre tressaute comiquement, ses yeux chavirent, elle se tortille, écarte les jambes, crie comme une folle. Et tout à coup, je prends peur à cause de ma lucidité.

– Donne-moi un whisky, tu veux ?

Je voudrais n'être jamais venu dans cette pièce et je voudrais n'avoir jamais connu cette femme et je voudrais me tuer car je me méprise pour avoir voulu fuir la facilité alors que je me trouve à être en son centre même. C'est la lente montée de la spirale : maintenant que nous avons été dans les ténèbres épaisses de la nuit, il nous faudra connaître la lumière du jour qui nous montrera tels que nous sommes, laids et fatigués, vulgaires et superficiels, pâles copies des vedettes à veston pailleté qui, devant nous, envahissent la télévision, se consumant sur l'écran, crispés et hurlants, la face luisante et les yeux fermés comme pour un début d'extase, vaguement érotiques dans les pantalons lamelés qui font ressortir les fesses grasses.

Ainsi sommes-nous tous englués dans le ridicule et la banalité et le mensonge, parasites des mythes défaits et vains chercheurs d'une beauté que nous ne saurions trouver que dans l'imaginaire, l'inventant au fur et à mesure de nos nécessités et pitoyables artifices d'une vie perdue derrière soi et sans mémoire, inatteignable désormais et c'était ça l'avenir : des reptiles se vautrant dans la vase, des bêtes monstrueuses à force d'insatisfaction, de peur et trop longtemps déracinées. Nous ne pouvions que mourir, éclater en mille cauchemars circulaires et vides et poussières d'oubli projetées dans l'absence d'espace s'étirant comme une Transcanadienne.

Marie est allée dans la cuisine. Le rideau de bambou a bougé :

– Tiens, Jos.

Elle me met dans la main le verre de whisky dont les deux glaçons tintent doucement contre les parois froides : j'avais pourtant dit que je ne boirais plus.

Je dépose le verre sur la petite table où trône un grand plat de chips dont l'odeur de vinaigre me fait éternuer. Ma main est mouillée et froide. Je la pose dans le cou de Marie qui manque s'étouffer de surprise, puis nous regardons la télévision, incapables de nous conquérir, incapables de nous toucher, emmurés en nous-mêmes qui sommes des tours d'ivoire vides et lointaines. Pourtant, comme nous avons besoin tous les deux d'être obscènes !

Marie met son verre sur la table, se lève parce que la télévision est détraquée, est comme un jeu abstrait, tout en lignes courbes ou zigzaguantes. Des boutons sont manipulés dans le ventre noir de l'appareil et l'image revient enfin. Marie s'assoit à côté de moi, ses jambes repliées sous ses fesses :

– Tu bois pas, Jos ?

Je ne réponds pas, regarde son verre qui est déjà vide. Les yeux de Marie comme des billes jaunes au fond des orbites creuses. Peut-être Marie pense-t-elle que bientôt il y aura le fiasque à côté du plat de chips sur la table, peut-être croit-elle que nous trinquerons à même la bouteille, avalant de grandes gorgées qui nous brûleront l'estomac et nous feront devenir grossiers et hargneux. Alors Marie enlèvera ses souliers, s'allongera sur le divan, posera sa tête sur mes genoux, me demandera de la caresser tandis qu'elle chantera quelque chose comme *Elle s'appelait Goguette,* me montrant ses dents plombées et noires, sa langue mouillée, sa luette presque blanche, comme une stalagmite mouillée au fond de sa gorge. Mais Marie se trompe, je ne toucherai pas à mon verre. Je suis triste et las, ma tête pareille à un gong qui amplifie les voix des acteurs récitant des phrases traquées ou comiques pour des spectateurs absents dont on n'entend que les rires faux. Je dis :

– Faudrait que je marche. Sortir me ferait du bien.

Marie paraît contente de l'idée, elle me sourit, se redresse (ses fesses généreuses à la hauteur de mes yeux !), ferme la télévision, marche jusqu'à la fenêtre dont elle lève le store :

– Il mouille plus, Jos.

J'ouvre la porte et la fais passer devant moi. Chacun à sa manière, nous refusons la réalité de la séduction banale. Nous rêvons tous les deux à un rêve qui n'est pas à notre mesure et qui flotte hors de nous comme un ectoplasme.

La nuit noire, presque chaude, brumeuse. Le voile grisâtre jeté sur les maisons et les lumières qui forment des halos jaunes. Le silence à peine brisé par les souliers ferrés de Marie. Les feuilles pourries qui me rappellent le varech de la grève Fatima des Trois-Pistoles. L'eau sale coule le long des trottoirs, tombe avec fracas dans les bouches d'égout. Le corps de Marie. Notre lente marche autour du bloc. Et les chiens qui aboient avec, parfois, un bruit de chaîne. Nous accueillons cela avec joie puisque nous avons besoin de cette petitesse qui nous libère de la nôtre. Marie dit : « Jos », mais elle ne continue pas. Nous habitons le silence comme si nous étions dans un ventre mou. Nous avons l'envie de nous laisser faire, de courir sur l'étroit trottoir, la bouche ouverte, de rire comme rient les vedettes dans les films sentimentaux, en découvrant les dents et en tirant la langue, emportés par la simplicité de cet acte duquel nous sortirions enfin ivres de nous-mêmes, pleins d'images sensuelles, de lèvres gonflées, d'entrejambes humides, d'ongles faisant des croix dans le dos nu. La brume va en s'épaississant, nous passons le pont Pie-IX. L'eau frappe les piliers.

– Est-ce que je peux te dire certaine chose, Jos ?

Je lui serre la main. C'est encore une petite fille que j'ai à mon côté, un ange blanc que possède l'envie du mal, un ange blanc qui a trop bu, dont le foie est une forçure graveleuse. Des camions passent sur le boulevard Gouin, ils m'empêchent de comprendre ce que me dit Marie :

– Trop d'hommes qui n'étaient pas comme toi, Jos. Je suis pas habituée à ça.

Je la serre contre moi, lui liche la joue parce qu'il faut bien que je fasse quelque chose. Et pour la première fois depuis quelques heures, je repense au coq et à ma queue, aux senteurs d'ammoniac qu'il y avait dans le poulailler inondé de soleil, au bec se fermant sur le bulbe ensanglanté et rougissant ma main – et Pa arrivant enfin, ne comprenant pas tout de suite : « C'est le coq, Pa. C'est le coq », et Pa partant d'un grand éclat de rire, et moi honteux, et moi muet dans la clarté du jour.

J'entre derrière Marie qui allume la lampe du salon, de quoi tamiser la pièce. Les glaçons ont fondu complètement dans le verre d'alcool. Je me laisse tomber sur le divan. Tout cela a trop duré pour rien. Maintenant, il n'y a plus que cette sécheresse, que la terre brûlée par le soleil, que les chicots morts et carbonisés dans les sous-bois, que les feuilles mangées par les coléoptères, que les feuilles trouées et gluantes, que les poissons morts, allongés sur le dos, la gueule ouverte dans la vase où les patineurs glissent sur leurs longues pattes, que les ruisseaux asséchés, que les peaux cuivrées des habitants nus et castrés dont les pas s'évanouissent en nuages de poussière, que les longs bandements d'impuissance, que les queues vides et sonores comme des marbres dans les vagins secs et ravagés par la chaleur qui a tué l'imagination et tué toutes les sources du plaisir, qu'un long serpent au corps brisé de plumes raides, que les poches de puanteur éclatant dans les poumons et faisant vomir.

Mais bientôt le monde se refera, il y aura de l'ombre et de l'eau et du vent, il y aura le second souffle de la création, les piqûres d'hormones, le soleil d'artifice, la terre ameublie et femelle encore, la terre qui sera comme une imposante machine copulatrice, et l'homme lavé, et l'homme-sperme se promenant avec son corps aux mille queues bandées, son corps-roue lançant des jets de fécondation dans les bas-ventres jetés autour de lui pour son tournoiement – nous nous sommes enfin allongés l'un contre l'autre, au chaud dans notre affection et presque heureux à cause de la musique sortant de la radio. Le fiasque de whisky est maintenant à côté du grand plat de chips sur la table. Marie boit beaucoup, elle s'amollit contre moi, est comme un long tissu spongieux qui s'agite lentement à la hauteur de mon flanc. *Mam, il faut pas que tu meures.* J'ai tant besoin de tendresse que j'obéis au corps de Marie. Nous sommes maintenant tous les deux nus dans une tombe étroite, nous avons chaud et depuis que nous avons perdu nos jambes qu'ont mangées les anchais énormes, nous avons été enfermés dans ce cercueil et voguons dans la mer Morte, prisonniers de nos sexes pourrissants. Nous sommes des squelettes qui se sucent les dents. *Mam, il faut pas que tu meures.*

Peut-être même roulons-nous sur le plancher car je suis plein de miettes de chips. Puis il y a l'avalement par le bas, le lent siphonnage, la succion et le gémissement blanc et prolongé. Marie me mord le nez et dit :

– Parlons maintenant.

IX

Les baisers écrits ne parviennent pas à destination, les fantômes les boivent en route.

FRANZ KAFKA, *Lettres à Milena*

– On sait pas toujours ce qu'on fait dans la vie, hein Jos ? Maintenant, c'est trop tard. Il reste qu'à laisser le temps passer en essayant de prendre tout ce qui arrive. C'est pas toujours drôle, c'est pas toujours passionnant, mais c'est ma vie pauvre, ma vie ennuyeuse. Des fois, je voudrais partir dans le Sud, m'enterrer dans un trou chaud sous un palmier, ou quelque chose comme ça, puis regarder le monde tourner. J'aurai quarante ans avant pas longtemps et j'aurai de mon existence fait pas grand-chose. Je te jure, Jos. Tu vois tu ça, danseuse au Café du Nord et wétrice dans Morial Mort, avec toujours le même menu, du bœuf haché le lundi, des spaghettis le mardi, du pain à la viande le mercredi, de la saucisse le jeudi, du saumon frit le vendredi. J'en suis pas sortie, Jos. Si j'avais pas le Ouique dans ma vie, je serais finie, je vivrais plus. Où c'est que tu voudrais que j'aille ? Je suis trop vieille. Déjà le gros Sam passe son temps à me taquiner là-dessus, pour m'étriver. C'est vrai qu'il y a des soirs où je me sens perdue. Je suis tannée d'être tout le temps toute seule. Quand j'étais danseuse, c'était pas moi que les hommes voulaient mais mes fesses, mais mon cul, mais mon trou entre les jambes. Une gagne de cochons, Jos. Le monde c'est une gagne de cochons. Il y a rien qu'un moyen d'oublier ça : c'est de boire. Mon père aimait le gin lui aussi. Il prenait sa ponce tous les soirs. Parfois il se soûlait, devenait méchant, cassait tout, voulait qu'on joue avec sa queue qu'il sortait de son pantalon. Sais-tu que mon commencement ç'a été un fiasque de gin renversé sur ma petite robe à pois alors que je dormais sur le divan du salon dans la maison ? J'avais dix ans à peu près. Je m'en souviendrai toujours. Mon père était penché sur moi, il avait mis son nez dans ma robe : « Maudit que tu pues ! » Moi, j'étais partie à brailler parce que le matin, j'avais eu pour la première fois mes règles. Ça coulait, puis ça imbibait la serviette que Mam m'avait mise entre les jambes. « Ça va s'arrêter. Ça va s'arrêter, fais-toi z'en pas, petite Marie. Tu changeras ta serviette ce soir, puis demain matin ça va s'arrêter tout seul. Sais-tu que t'es une grande fille astheure ? Les hommes vont courir après toi. »

Une pause, très courte, le temps d'avaler une gorgée de gros gin, puis :

– C'est mon idée qui s'en va, Jos. Des fois, je sais plus ce que je pense. Il y a une espèce de trou dans ma tête, c'est noir et ça fait dur. C'est comme si j'avais plus rien dans le cerveau. Ça cogne dans ma tête, puis ça m'empêche de dormir. La nuit, je vois des fantômes quand j'ouvre les portes des garde-robes. Jos, as-tu entendu parler de ça, toi, du Bonhomme Sept Heures ? Mon père disait : « Si vous dormez pas, mes petites tabarnaques, le Bonhomme Sept Heures va venir vous pincer les fesses. Il va vous apparaître dans la fenêtre, vous faire des grimaces, puis vous tordre les doigts de pied quand vous allez vous cacher dessous les couvertures. Dormez, mes petites tabarnaques ! Dormez ! » Moi, je voyais une grosse face toute pleine de bosses, avec des yeux aussi grands que des trente sous qui lançaient des flammes comme des gueules de dragon. Fallait être folle, hein, Jos ? Fallait pas avoir la tête trop forte hein, Jos ?

– C'était pas ta faute, Marie. T'étais trop petite dans ce temps-là. Tu savais pas que le Bonhomme Sept Heures c'était pas vrai. Pa aussi nous faisait peur avec ça. Il s'est même déguisé en Bonhomme Sept Heures une fois. Il voulait nous angoisser. C'était pour le Mardi gras, la Mi-Carême, il y avait de la neige plein les chemins, on voyait plus les clôtures ni les cabanes à chiens de Georges É. Pitt derrière la maison, ni les niques à poules de Job Horton. Il faisait noir. On revenait de l'école tous ensemble. On était trois ou quatre. Abel était là, je pense, et Jean-Maurice et Ernest et Gisabella qui marchait devant nous, qui courait, pressée comme toujours, son petit sac d'école en plastique sur ses épaules. On lui lançait des balles de neige et on a pensé qu'on l'avait frappée quand elle a crié tout à coup un grand cri qui a coupé l'air au-dessus de nous. On avait l'impression que ça mourait quelque part dans le Petit-Canada. De grands pans de noirceur tombaient entre Gisabella et nous. Elle était toute seule dans le vaste monde, elle se faisait tuer sans doute. Puis on l'a revue à quelques pieds devant le perron de la maison. Il y avait un grand bonhomme avec un chapeau dur sur la tête, une canne et des vêtements tout rapiécés. Un vieux et grand bonhomme qui poussait des hurles de mort et Gisabella était partie comme une flèche, elle courait affolée, et son petit sac d'école était tombé dans la neige. Il faisait là une tache noire dans la blancheur. « Aie pas peur, Gisabella. C'est ton poupa. Aie pas peur, Gisabella. C'est ton poupa. Viens-t'en, Gisabella. C'est ton poupa ! » Pa, qui avait déboulé les marches, passa près de nous à toute vitesse. Il voulait rejoindre Gisabella qui était rendue à l'aréna : « Aie pas peur, ma petite fille. C'est ton poupa. Regarde, je suis pas le Bonhomme Sept Heures ! » qu'il lui disait et nous autres on riait maintenant qu'on comprenait et Abel est allé chercher le petit sac d'école de Gisabella qui revenait tout en larmes dans les bras de Pa disant pour la consoler : « Petite fille à son poupa, pauvre petite fille à son poupa : tu aurais dû voir que c'était juste ton poupa. »

Les attouchements, le long sexe refermé, les lèvres cousues, le renflement se rétrécissant, le ventre lourd, tout en plis comme une porte à coulisse, les poils pareils à une tranche épaisse le long de la raie mouillée par la sueur et par la semence, les odeurs fortes des corps, les cheveux ébouriffés, les yeux grands qui changent Marie, toute fiévreuse encore, palpitante parce que je l'ai enfoncée brutalement (bâton de dynamite placé entre ses deux jambes, mèche mouillée qui a refusé de s'allumer). Ah ! les lèchements de la peau intérieure qui m'a paru si rose et le suçage pour l'assèchement du lieu et les mouvements de Marie, sa tension ! Jeux de mains, bras envoûtés, membres lovés. Comme ces guerriers puants qui violaient les femmes douces et conquises, les femmes attachées aux roues des charrettes, flambant nues et leur gros ventre rebondi déchiré par les paquets de viscères fumants et gluants. Ces viols sur les mortes, les infirmes, les grand-mères et les bébés. Et la peau sonore, les membranes de tambour ne jetant plus que du silence dans la pièce qui ne ressemble plus maintenant qu'à une énorme souillure.

– C'est mes jambes, Jos. Je marche trop. J'ai plus vingt ans. Il y a de la corne sous mes pieds. Faudrait que je me fasse soigner, que j'aille à l'hôpital. Ça serait la deuxième fois. J'ai eu la grande opération, tu sais. J'avais dans le creux de mon ventre une bosse grosse comme une prune, je saignais beaucoup, j'avais beau mettre des serviettes, ça passait pareil, ça coulait jusque dans le fond de mes souliers. Quand je suis entrée à l'hôpital, le docteur a dit : « Vous avez été chanceuse, petite madame. Une maladie comme ça, on en revient pas souvent. On en meurt plutôt. Toutes les autres femmes que j'ai soignées pour ça sont mortes aujourd'hui. Vous avez été chanceuse, petite madame, je vous le dis. » Il me regardait derrière ses lunettes. J'ai pensé que je faisais face à un fou et j'étais si malade, Jos, si malade ! Mon corps filait entre mes jambes, tout en gros caillots noirs.

– Pleure pas, Marie. C'est fini tout ça maintenant. T'as guéri.

– Oui, Jos. Mais j'aurai jamais d'enfants. Ils m'ont brûlée au radium. Ils m'ont presque tuée. J'avais plus de connaissance. Quand je me faisais faire l'amour, c'était tout froid, ça mouillait pas et pourtant j'avais la tête pleine d'images. Je voulais, Jos, je me forçais, je fermais les yeux et j'imaginais toutes sortes de beautés, je me laissais toucher partout, loin loin au-dedans de mon ventre. Mais il y avait rien à faire, ça répondait pas et c'était vide et horrifiant. J'aurais voulu mourir. Quand j'allais voir le docteur, il m'interrogeait sur mes relations, il me disait : « Petite madame, ça va-tu comme vous voulez avec l'homme ? » et je rougissais et je me trahissais jusqu'à la racine des cheveux, j'étais incapable de dire, de parler de ce qui m'arrivait entre les deux jambes. C'était pire que de me déshabiller, d'enlever ma jupe et mon slip, et d'aller m'étendre tout écartillée sur la grande table blanche où le docteur venait me voir avec une espèce de lumière qu'il m'entrait dans le ventre pour voir si la guérison se faisait ou si plutôt le cancer se montrait encore le bout du nez comme il disait. J'étais humiliée, Jos. Je marchais dans la rue et je me sentais toute laitte et toute affreuse. Je devais puer, être pleine de sang et pleine de lumières jaunes qui sortaient de moi et tombaient dans la rue. Je m'enfermais dans ma chambre, je pleurais puis je buvais. Mais parle-moi de toi, Jos. Quand je pense à tout ce qui m'est arrivé, je me sens toute drôle, c'est-à-dire pas drôle pantoute.

– Je voudrais bien te parler, Marie. Mais je sais pas quoi dire. J'ai plus d'images. J'ai toujours voulu tout oublier pour me débarrasser du mauvais en moi, pour commencer vraiment. Je me suis toujours cherché des attaches, des raisons de vivre, des croyances. Mais je suis un homme passé.

– Je comprends pas, Jos. On oublie pas ça, sa vie.

– C'est pas ce que je veux dire, Marie. Je veux dire : maintenant, je suis un homme passé. Je pourrai jamais m'arriver. Il y a rien derrière moi puisque c'est du vécu insignifiant, puisque c'est de l'oubliable. Et il y a rien devant qui pourrait m'advenir. Je suis seulement certain de l'endroit où sont mes pieds. Mon passé, ce sont les autres qui me le font découvrir, ce sont les autres qui m'en parlent. Ils me disent : « Jos, tu te souviens-tu de ça ? » et parce qu'ils insistent, je m'en rappelle. Alors je tronque tout, je dénature

tout, je revois tout avec mes yeux de maintenant et
ç'a plus rien à voir avec ce qui était parce que les
émotions, ça se traduit pas, ça se dit même pas.
Quand on essaie de le faire, on triche et on trompe
les autres. Le passé arrive jamais comme on le dit.
Tout est grossi ou tout est rapetissé, ça devient allé-
gorique, ça devient métaphorique, ça devient plus
rien.

— Faudrait que tu me répètes ça, Jos. Je comprends pas tout.

— Longtemps j'ai été obsédé par un coq qui
était gros, plumeux, avec une crête qui était comme
une forêt rouge sur sa tête. Petit, je dessinais seulement des coqs et je me disais : « Quand je serai
grand, personne pourra m'empêcher d'en élever. »
Je voulais faire ça parce que j'aguissais les coqs et
que je voulais tous les voir morts. Sais-tu pourquoi ?
Regarde là, sur le bout de ma queue. Il y a une cicatrice. Faut que je t'explique. Je pissais dans le poulailler puis un coq m'a becqué, il m'a arraché un
morceau de peau. Ça s'est mis à saigner et Pa a
commencé par rire de moi parce qu'il a pensé que
j'avais voulu jouer avec ma queue. Pendant un
mois, j'ai eu la queue enveloppée, on avait peur que
ça reprenne jamais. Quand je raidissais, ça m'élan-
çait dans tout le corps, c'était curieux parce que
même si ça me faisait mal, j'aimais ça, c'était
comme une décharge électrique, c'était épuisant.
Après, je passais des heures, étendu dans mon lit, à
regarder le plafond, à rêver. Marie, sais-tu que j'avais
jamais couché avec une femme avant toi ? J'étais pas
capable, je serais mort je pense. J'imaginais trop
de choses, je croyais que ça serait pas possible.

Malcomm riait de moi, il me disait : « Jos, t'es fou. C'est comme une porte que t'enfonces, ou comme une vitre que tu brises. Il n'y a pas de mystère là-dedans, c'est un grand coup de fouette, c'est une langue de feu qui te liche les fesses et qui te brûle, c'est une lamentation de splendeurs. Toi un poète, je comprends pas que t'aies peur de ça. »

Je me tais, incapable d'aller plus loin, honteux à cause de ce que je fais venir du fond de moi.

– Continue, Jos. T'as promis.

– J'ai toujours voulu être seul dans la vie. Je suis égoïste, je me dis : « Jos, faut pas que tu détestes le monde. Faut que t'essayes de le comprendre. Faut que tu apprennes à vivre et à composer et à pleurer et à rire avec lui. Mais je suis pas capable de ça, on m'en demande trop. Je me souviens juste des choses qui étaient laittes, qui faisaient peur, qui m'épouvantaient parce que je me rendais compte que j'étais tout seul dans mon coin à les sentir et à les affronter. Moi, je perdais tout le temps, j'étais pas de taille. Et tout le monde riait de moi quand je parlais de ça. Mam disait : « Jos, c'est des foleries tout ça. Tu passes ton temps à rêvasser. C'est méchant pour ta santé. T'as toute la vie devant toi pour avoir des problèmes. Inquiète-toi donc pas, Jos. » J'avais l'impression qu'on voulait me cacher des choses, j'avais l'impression d'être en dehors du monde créé par Mam et par Pa pour nous tous, belle gagne d'innocents et de naïfs.

Je sanglote sur le sein de Marie, comme vidé de moi-même. Je ne suis qu'une enveloppe, qu'un tissu de larmes mouillant le téton de Marie qui me caresse les cheveux.

– Voyons, Jos. Fais pas l'enfant. Je t'aime.

Nous roulons au milieu du grand lit double qui craque. Un mouvement nous emporte, nous lie l'un à l'autre dans l'humidité des draps. Tout tourbillonne sous la fureur de nos corps usés. Nous haletons, nous ventons, nous nous brisons l'un contre l'autre. Nous sommes des cassures, des fibrilles de vie éclatées. Et les dents de Marie sont énormes dans les ténèbres et blanches et luisantes. Elle dit :

– C'est pas une vie ça, Jos. Je veux dire : la vie que j'ai vécue, c'est pas une vie. Devant la maison, il y avait un vieux poêle en fonte qui était tout rouillé, avec des tas de bois et des montagnes de sciure pourrissante qui était pour les rats un refuge Meurling. On osait plus descendre dans la cave. C'était plein de grosses bêtes brunes dans les tuyaux d'égout troués. « Il y a des squelettes dans les boîtes de linge, les enfants. Tous les corps de vos grands-parents sont entassés là-dedans », disait Pa. Je voudrais t'en parler, Jos.

Elle boit une gorgée de whisky parce que la bouteille de gros gin est maintenant vide et que personne n'a le courage de se lever pour aller en chercher une autre. Marie dit :

– C'était un ivrogne et un pauvre homme. Il avait des mains immenses et ne mettait jamais son dentier. Il achetait toutes sortes de niaiseries qui traînaient un peu partout dans la cour, des carcasses rouillées d'autos, des moteurs de machines à laver, des baignoires, des sièges de toilette, des pneus, des barouettes, des grands Jésus de plâtre qui séchaient debout à cause du soleil, s'effritaient, se décomposaient. On voyait les broches rouillées sortir des grands pieds comme des veines séchées ou des pattes de mouche. Ma pauvre Mam passait son temps à ranger, à faire du ménage. Toujours dans du grand barda. Mais ça servait à rien. Pa arrivait tous les jours avec d'autres vieilleries dans son tombereau qu'il tirait lui-même parce qu'il trouvait qu'un cheval, ça coûtait trop cher à entretenir : « Ça mange de l'herbage à plein, puis ça chie partout ces grosses bêtes-là. » Pa était consomption. Il passait son temps à tousser dans le hangar où il vivait presque tout le temps, où il passait ses fins de semaine à essayer d'arranger des bouts de ferraille, penché sur un étau et crachant des morceaux de poumon. Quand il sortait de là, il était plus de service, il devenait enragé, se mettait en colère, voulait sauter sur tout le monde : « Je vous aime trop, mes petites tabarnaques ! Si je vous aimais moins, je vous tuerais toutes. Ça serait un bon débarras. Je pourrais faire ce qui me tente dans la maison. Vous êtes tout le temps dans mes jambes, vous brisez mes affaires, vous changez tout de place, vous cachez mes gréements. En plus de ça, vous jouez aux martyres. Bien, ça va changer, tabarnaque ! Il est temps que je fasse un maître dans la maison. Il est temps que vous appreniez à respecter votre père et à l'aimer ! »

Je voudrais que Marie n'aille pas plus loin. Les mots qu'elle dit sont comme des aiguilles qui me percent le cœur. Mettre mes mains sur mes oreilles pour ne plus rien entendre. Mais Marie continue pareil, comme si je n'étais plus là, obsédée par ce qu'elle fait monter d'elle – cette extrême souffrance.

– Des fois, Pa se mettait à pleurer, assis sur le coin de la table, les mains dans la face. Ses grosses épaules sautaient furieusement. Il faisait un peu pitié mais on le voyait pas comme ça, on pensait pas qu'un géant de même pouvait réellement brailler. Il y avait pas de raison. Mam disait : « Il joue la comédie. Pa a passé sa vie à faire ça. » Elle nous racontait ses déguisements pour la Mi-Carême, elle nous parlait des faces qu'il faisait dans son hangar, des faces en papier mâché avec de gros nez, des yeux énormes et des bouches terribles. « Votre père, il a toujours aimé ça faire des niaiseries. Il a toujours été à part des autres. Ça sert à rien, il est comme ça. Laissez-le tranquille. » On était rien que des filles à la maison. Pa disait : « Des filles, c'est un paquet de troubles, tabarnaque. Aussitôt que ç'a le cul assez gros, ça pense qu'à courir après les hommes. Heureusement que je suis là parce que je sais pas ce que vous deviendriez. C'est pas votre mère qui vous protégerait. Elle est même pas capable de prendre soin d'elle. Ça fait dix ans qu'elle est malade, qu'elle se traîne dans ses langueurs. Elle peut même pas mourir comme du monde, sans embêtements. » Mam disait rien, elle en avait pris son parti. Elle se terrait dans sa chambre et elle priait, à genoux devant la Vierge toute brisée que Pa lui avait donnée un jour de tendresse. Il avait dit : « Tiens, tabarnaque ! Prie devant ça, femme à bout. Tu vas aller au ciel, c'est une statue pas ordinaire. Si j'avais le goût de prier, je la garderais pour moi tout seul. »

Le feu de la cigarette dans l'obscurité. Je laisse la fumée pénétrer comme il faut mes poumons parce que je veux être capable d'entendre la suite, ce qui meurt de se dire sur les lèvres de Marie. Je dis :

— Continue.

– J'avais douze ans quand Mam est morte.
C'était l'hiver. Elle avait attrapé froid mais elle
n'avait pas voulu voir le docteur. Elle disait : « Si mon
temps est fait, c'est qu'il est fait. » Elle est morte trois
jours après, toute seule dans sa chambre. Pa l'a tenue
longtemps dans ses bras, il pleurait, il priait avec elle.
C'était triste dans la maison. On avait peur parce
que, dans la chambre, ils criaient tous les deux : « Je
veux pas que tu partes. Qu'est-ce que je ferais avec ta
gagne de filles, tabarnaque ? » Mam est morte dans la
nuit, au cœur de la tempête, avec le vent qui hurlait.
J'ai été la dernière à voir ses yeux bleus fixés sur la
statue… Ah ! Jos !

Elle se jette sur moi, férocement, entrant sa langue loin dans ma bouche. Puis elle se laisse tomber
dans le grand lit double, défaite de partout, dislo-
quée. Elle dit :

– Quand je pense à des choses d'enfant, ça me
fait tout drôle. On dirait que je les invente, que rien
est arrivé comme ça. Pourtant, on était pas si malheureux. C'est seulement aujourd'hui que ça me rend
triste. Ça doit être parce que je vois pas ça avec les
mêmes yeux qu'avant. C'est comme si je regardais
pour la première fois une petite bonnefemme. Je
comprends pas, Jos. Ça ressemble plus à rien ce que
je te dis. Puis voilà mon mal de jambes qui me
revient. C'est sous le pied partout que ça me
démange. Jos, qu'est-ce que tu dirais de ça, si on
vivait ensemble ?

– Faudrait y penser, Marie.

– Mais pourquoi, Jos ?

– Ça serait long à expliquer. Je sais pas si je serais
capable. J'ai toujours vécu tout seul, Marie. Il n'y a

jamais rien eu autour de moi. Est-ce que je pourrais m'habituer à toi ? Est-ce que je pourrais me déshabituer de moi ? Tu me connais mal. Je ne suis pas de service au fond parce que je sais pas ce que je veux dans la vie, c'est-à-dire que je le sais mais j'ignore comment y arriver. Peut-être que t'as été mise sur mon chemin comme une tentation ultime, comme un acte purificateur. Moi, c'est la sainteté qui m'intéresse. Je voudrais devenir immobile. J'ai jamais pensé à rien d'autre, même quand j'étais petit. Je passais des heures devant la fenêtre, à regarder les champs, les fleurs sauvages, le chien fou de Job Horton qui zigzaguait dans les herbes, les arbres loin sur la ligne de l'horizon, comme des dents noires, et j'avais l'impression que j'étais tout ça brusquement, que j'habitais tout à la fois les champs, les fleurs, le chien fou, que rien de tout ça ne m'était étranger, que j'aurais pu si j'y avais pensé longtemps tout arrêter, tout détruire, tout refaire. Il suffisait de le vouloir, de fermer les yeux pour que tout bascule, pour que tout soit détourné, pour que ma tête se vide, pour qu'il n'y ait en moi que de la matière inutilisable, un squelette recroquevillé devant la fenêtre, un œil fixe qui n'avait même pas besoin de voir parce que tout avait été vu, compris et aimé. Je m'enfonçais si loin hors de moi quand j'étais ainsi. Tout ce que je voyais, les champs et chacune des fleurs de ces champs et chacune des abeilles prises dans les pétales de ces fleurs et le chien de Job Horton prisonnier des longues herbes, tout ça c'était devenu autant de soleils, autant de manifestations du feu, et j'étais certain que si je n'arrêtais pas de regarder, j'allais devenir fou et tomber raide mort devant la fenêtre.

Elle serre ma main tandis que je lui parle. Sa main toute mouillée qu'agite parfois un spasme nerveux et incontrôlable. Et le fiasque de whisky est presque vide maintenant sur la table de chevet où les aiguilles phosphorescentes du gros Westclock se sont immobilisées.

– J'ai oublié de le crinquer ce matin.

Sous le store filtre une lumière jaune. La bouche de Marie collée sur ma joue est un trou puant d'alcool et le tabac. Elle a maintenant mis son autre main sur mes parties qu'elle caresse, qu'elle réchauffe doucement – et ses doigts fins me chatouillent, touchent et palpent mes marbres douloureux qui ont enflé et pris presque toute l'étendue de l'enveloppe.

– Sais-tu à quoi je pense, Jos ?

– Non.

– Je pense à tout ça qui est derrière moi. Quarante ans dans peu de temps et il en reste pas grand-chose. C'est comme si j'avais pas vécu, c'est comme si je venais de me réveiller. Me semble que ça fait des années que je vis plus, que j'attends ma fin, couchée dans mon lit, comme Pa invalide et mangé par la consomption. Quand je dors la nuit, j'ouvre les yeux et il est là, allongé dans son lit à l'autre bout de la chambre. Il se plaint et gémit, impuissant face à lui-même. Devenu corps décharné. Je sais qu'il voulait me parler à l'hôpital. Il ouvrait tout le temps la bouche mais il y a rien qui sortait. Il me connaissait plus. Il disait : « Marie, Marie », et c'est pas à moi qu'il s'adressait, c'était à quelqu'un d'autre, à sa petite fille d'autrefois, il disait : « Ils m'ont volé mes enfants, tabarnaque ! J'ai plus rien. Je vas m'en aller astheure. Je vas m'en aller, tabarnaque ! » Il fermait les yeux, se tournait contre le mur, il voulait plus me voir, Jos. Je pouvais pas rester à côté de lui et l'entendre tousser, lui qui était si grand et si dur, lui que je revoyais avec ses gros bras et sa camisole sale, lui si fort. Où est-ce que ça l'a mené, Jos ? Quand je couche avec un homme et que sa queue est toute montée, je pense à un flague. On jouait à ça quand on était petites. Puis ça m'énervait quand je le voyais à l'autre bout du terrain, planté dans la terre, gros bâton séché par le soleil et la pluie. Fourre-moi donc, Jos.

Toute haletante et me mordant l'oreille, ses reins tendus comme des ressorts, le creux de son ventre, son grand sexe mouillé, ses fesses sur mes genoux, et le gland qui se découvre et se promène dans le souterrain, dans la grotte onctueuse, le gland explorateur et casqué et sensible, le gland lubrifié, la pompe énorme qui suce le long couloir noir du vagin. Marie a la bouche ouverte, ses fesses se démènent dans un mouvement giratoire, son ventre se soulève et s'abaisse. Elle me tient les hanches, ses ongles cisaillent ma peau tandis que je me sens avalé et tiré vers le bas comme si ma queue avait des yeux, des milliers d'yeux fixés sur le renflement de chair rouge qui se rapproche davantage à tous les coups de reins – puis le grand vent libérateur suspendu à une ficelle avec du sang noir coagulé sur le jaune de sa chair.

– Ah ! Jos ! Ah ! Jos !

Nous nous glissons sous la couverture. Marie frissonne doucement, collée à moi et lasse. J'ai passé mon bras sous elle, je la tiens par le cou, respirant la sueur qui sèche au niveau de ses aisselles, dans le creux rasé, blanc, et dont les veines à fleur de peau se sont gonflées. Nous avons assez parlé, c'est-à-dire que nous sommes trop fatigués, nous n'avons plus d'images et nous n'en cherchons plus car nous voilà enfin satisfaits et heureux dans notre immobilité. Le sang de Marie bat ses pieds. Tout ce qui me reste encore de vie s'est réfugié dans mes bourses pleines et douloureuses. Je dis :

– Le sommeil va être bon.

Nous fermons les yeux. Le lit est mobile dans la chambre, il tourne sur lui-même, lentement, ce qui finit par m'étourdir, et je dis à Marie avant de perdre conscience :

– Je suis d'accord qu'il faut vivre ensemble maintenant.

Le gros Westclock crinqué par Marie reprend sa lente marche vers le jour.

X

Mais il n'y a jamais de bruit pour moi, pas même un pauvre petit coup de klaxon, et c'est pourquoi j'écris ce roman.

J. M. G. LE CLÉZIO, *Le Livre des fuites*

Cela avait duré une semaine, cette hémorragie.

Nous nous étions claquemurés dans le petit appartement de Marie, et nous n'en étions pas sortis une seule fois parce que j'avais refusé de mettre le monde entre nous – ne pas nous déverser dans le territoire de Morial Mort enneigé pour la première fois. Une neige qui était tombée durant trois jours, monotone et dure. Ah! cet arrêt de mort! Il fallait que nous vivions dépouillés de nos atours, il fallait que nous devenions vulnérables, nus et purs enfin, sanctifiés et prêts à nous enfoncer lentement dans la lassitude.

Les premières manies, les premières fatigues et les premières menaces planèrent au-dessus de nous à compter de la quatrième journée alors que nous nous taisions, épuisés d'avoir tant parlé pour ne rien dire.

– Parle. Parle donc, Jos. Si on arrête, on est finis, on aura perdu notre temps.

Nous nous étions donc forcés, nous avions descendu creux dans le puits des mémoires. Il ne restait plus du passé que des fragments de souvenirs éthérés que nous cernions et détruisions parce que nous sentions maintenant qu'il fallait aller jusqu'au bout de ce que nous étions en train d'exprimer.

– Marie, j'ai l'impression qu'il y a plus rien derrière nous. Nous parlons et nous effaçons tout au fur et à mesure, peut-être même tuons-nous jusqu'à nous-mêmes puisque ce qui est dit ne peut avoir été et ne pourra jamais plus nous arriver. Bientôt nous serons incapables de bouger, nous devrons nous tenir debout l'un contre l'autre, tes pieds montés sur les miens, et nous retiendrons notre respiration, nous deviendrons cramoisis, nous aurons du sang dans les yeux, nous perdrons le Nord, nous étoufferons et nous éclaterons. Marie, ma bien-aimée. Est-ce que tu te rends compte qu'en agissant ainsi, nous allons nous anéantir ?

Mais le temps passait, s'activait, devenait une fureur fluide et dévorante. Nous étions désavalés par le temps qui nous vidait, le temps qui ferait de nous des fruits pourris ou bien des enveloppes séchées.

Le premier jour, le téléphone avait sonné à plusieurs reprises, mais nous n'avions pas répondu. Marie disait :

— Jos, est-ce qu'on serait pas obligés de se tuer si on sortait d'ici ?

Le clair-obscur, les jeux des ombres sur les murs dont on avait enlevé tous les encadrements, les rideaux tirés et les stores baissés. Notre nudité, nos sexes rougis et velus offerts à ces voyeurs que nous étions devenus l'un pour l'autre, subtils dans le choix des expositions qui jamais ne nous paraissaient vulgaires. La tendre poésie des grains de beauté sur les fesses de Marie, l'érection de ses seins lourds – ces vieilles visions de l'adolescence inachevée.

— Jos, est-ce que tu me raserais pas les jambes ? Regarde dans le tiroir de la commode : il y a un Ronson.

— Mais Marie, c'est un rasoir pour homme ça, le Ronson.

— Je sais ça, Jos. C'est quelqu'un qui restait ici avant qu'on se connaisse et qui l'a oublié.

J'avais branché le rasoir. Long fil blanc s'enroulant autour des chevilles de Marie. Le ronronnement du petit moteur s'était fait entendre, Marie avait frissonné parce que la lame froide lui donnait la chair de poule. Le poil de ses jambes et long déjà, fourni et dur sur l'os de la jambe.

– Jos, qu'est-ce qui va arriver quand on pourra plus vivre comme ça ? Quand on va s'en aller, toi au Morial Mort Supermarket, moi au Ouique ? J'ai peut-être été mise à la porte à l'heure qu'il est. Sam aime pas qu'on rie de lui.

J'ai levé la main pour la faire taire. Je ne voulais pas qu'on pense à tout ça. Le temps que nous avions à notre disposition était trop court pour que nous nous perdions en lamentations futiles. (Elle avait maintenant les jambes bien rasées et odorantes à cause de l'Aqua Velva bleue avec quoi je lui avais massé les mollets.)

Cela, c'était le troisième jour, le jour de la neige tombant avec force sur l'étroit balcon devant la fenêtre de la chambre de Marie. Nous avions passé la journée au lit, à lire de vieux numéros d'*Allô Police* et à nous raconter les mille et une nuits de nous-mêmes. Cela avait failli mal tourner parce que nous n'avions pas voulu nous taire alors que nous n'avions plus rien à nous dire pour avoir trop parlé. Pendant un moment, tout nous avait paru fade, presque translucide et inexistant. Nous disions des mots qui étaient inexpressifs et circulaires, qui ne pouvaient être intégrés au mouvement de nos phrases qui se désarticulaient d'elles-mêmes et se vidaient de la substance qu'elles auraient pu contenir. Jamais nous n'avions été aussi loin de nous-mêmes et, paradoxalement, aussi près : nous nous touchions sans nous toucher, nous parlions de nous tout en étant exclus de nous,

nous inventions notre passé et ne faisions qu'écrire notre avenir. Tout l'impossible qui était en nous s'était échappé et formait, au-dessus de nos têtes, un nuage noir que nous ne savions chasser plus loin parce que nous avions les mains liées à ce qui avait été dit et qui demeurait la seule vérité possible.

Pourtant, tout n'était pas aussi simple ni si compliqué, et le fait que nous avions continué de parler pour nous enfoncer davantage dans la lassitude de la parole, cela cachait un symbole, taisait l'essentiel : nous avions peur de nous consumer en silence. Nous avions peur de nous mépriser. Parler nous libérait alors de nos haines. Parler nous apprenait que nous pouvions continuer à nous aimer, donc à nous dire dans le dépouillement et la solitude de la chambre. Parler était notre seule issue, et nous le comprenions tellement que nous savions qu'avec le silence nous perdrions tout et jusqu'à nous-mêmes.

– Il y a des trous dans ma vie, Jos. Il y a des choses que je me rappelle pas. On passe tellement vite, hein Jos ? Et puis, on parle rien que de ce qu'on se souvient. Peut-être qu'on a oublié ce qui est important. Les rêves, par exemple, les cauchemars. J'ai toujours été une grosse rêveuse, mais mes rêves ça me revient seulement trois ou quatre jours après, ça prend toutes sortes de formes et toutes sortes de faces, c'est tout changé. Je me comprends plus des fois parce que j'ai peur de dormir tout le temps. Est-ce que ça se peut, Jos, qu'on se réveille jamais et qu'on soit toujours en état de cauchemar ? Tout ce qu'on fait, c'est peut-être pas ce qu'on fait, hein Jos ?

Pendant quelques heures, Marie avait été à la hauteur de l'interrogation, elle avait cessé ses atermoiements et s'était élevée si subtilement que je pensai que j'avais parlé par sa bouche, que j'avais fait d'elle un médium docile que la fatigue avait trompé. Il m'avait fallu la toucher, me hisser sur elle, promener ma queue dans sa fente humide, la pénétrer, l'entendre hurler et me sentir pris dans l'étau de ses jambes croisées pour comprendre que Marie était vraiment elle et non pas une autre manifestation de moi-même. Et de sa bouche étaient sortis des mots orgiaques, des mots vulgaires, des mots de danseuse et des mots de wétrice, étonnamment durs, dont la puissance me transperçaient, dont la violence me flagellait et me faisait disparaître dans un grand trou noir où je perdais conscience et disais sur ma vie des oublis grandioses, peut-être des vérités.

Et son corps qui m'agrippait, masse de chair affolée et hurlante, vents qui sortaient d'elle et libéraient son ventre pareil à de la peau de tambour. Et la laideur du mouvement tant de fois répété de mes fesses bestiales et de mes jambes et la bave qui me coulait entre les lèvres et tombait dans ses cheveux gris comme des crottes de sauterelle sur les longues herbes et aller pourtant jusqu'au bout et entrer en elle avec violence et sentir les marbres battre contre le vagin inondé et hurler comme Marie et la briser de partout et la détruire par mes cris et par ma démence – c'était la seule façon que j'avais de la conserver, de la tuer et de me l'approprier, elle fétiche, elle corps initiatique grâce auquel j'allais me vaincre et m'aimer. Puis nos discours encore et l'haleine puante de Marie.

Le troisième jour, quelqu'un vint aussi frapper à la porte. Ça nous réveilla, Marie et moi. Et nous

terrorisa. Nous eûmes instinctivement un mouvement l'un vers l'autre, un mouvement brusque et
irraisonné qui nous fit comprendre que nous étions
devenus fous : si nos sens amplifiaient tout, dénatu-
raient jusqu'aux bruits d'un poing heurtant la porte,
jusqu'à la goutte d'eau coulant du robinet mal fermé,
il n'y avait plus d'espoir, nous allions bientôt nous
détacher l'un de l'autre, nous rejeter, nous pousser
par les pieds hors de nos centres d'attraction, nous
immoler pour nous détruire. Les bruits de la porte ne
cessaient pas : leur rythme répétitif avait une puissance d'exorcisation. Impression de sortir hors de
nous et d'être violemment projetés sur les murs,
comme si nos corps étaient devenus de grosses caisses
extrêmement bruyantes. Marie avait dit :

– Parle. Moi, j'en peux plus.

Je m'étais tourné vers elle, avais pris sa face fatiguée dans mes mains, et ses yeux étaient comme des
soleils éteints et pleureurs. J'avais dit :

– Je sais pas pourquoi ils nous faisaient peur avec
ça quand j'étais petit : « Les Sauvages vont passer, les
enfants. Tenez-vous loin de la maison si vous voulez
pas qu'ils vous arrachent les cheveux. » C'est ça qu'ils
nous disaient, c'est ça qui nous effrayait, on passait
toute la journée à tourner autour de la maison, groupe
terrorisé qui attendait les Sauvages, et malgré nous
nous tremblions, nous n'osions même pas parler parce
qu'ils pouvaient apparaître dans le noir, nous montrer
leurs peaux cuivrées et peintes, leurs grands casse-têtes
et leurs longs couteaux attachés à leurs ceintures en
cuir de bison tanné. Nous savions que les Sauvages
étaient arrivés, nous savions qu'ils assiégeaient la maison quand nous entendions les cris de Mam mourir en

une longue plainte dans la chambre du Sud. Nous ne pouvions pas ne pas imaginer que les Sauvages lui faisaient mal, la martyrisaient sans doute, lui faisaient sur tout le corps des choses effrayantes, la mutilaient avec des fers rouges et lui fendaient la bouche jusqu'aux oreilles pour l'obliger à toujours donner l'illusion qu'elle riait, qu'elle ne pouvait que rire quand tout en elle se mourait. C'étaient les premiers cris du bébé qu'on ne comprenait pas : d'où est-ce que ça provenait ? Nous nous serrions davantage les uns contre les autres, happés par une terreur subtile. Pourtant, nous voyions le visage de Pa dans la fenêtre, ses yeux nous suivaient et de la fumée sortait d'entre ses lèvres. Pourquoi n'allait-il pas défendre Mam et pourquoi restait-il là à nous regarder ? « Venez astheure. Tout est passé. » Il courait vers nous en jetant de grands coups de pied dans le vide : « Venez. Bébé est là. » Nous allions vers la maison et voyions la petite chose rouge dans le lit. Nous regardions Mam qui s'était tournée contre le mur et qui faisait semblant de dormir. Jean-Maurice demandait : « Est-ce qu'ils t'ont torturée, Mam ? Est-ce qu'ils t'ont planté des aiguilles brûlantes dans la peau ? », et Pa nous demandait de sortir : « Mam est fatiguée, les enfants. Allez jouer dehors. Les Sauvages sont partis ailleurs. » Nous sortions pour nous amuser à des jeux de Peaux-Rouges apporteurs de bébés.

Cela avait duré longtemps, j'avais parlé durant des heures, incapable de me tarir. Je ne pouvais pas comprendre pourquoi je parlais tant de mon enfance et du sang sauvage et de la rivière Boisbouscache de Saint-Jean-de-Dieu et de tellement d'autres souvenirs profonds mais ennuyeux pour qui n'était pas moi.

Le quatrième jour, nous ne mangeâmes ni ne buvâmes. Nous passâmes toute la journée couchés dans le grand lit double qui puait maintenant la sueur. Nous étions épuisés mais nous ne l'étions pas suffisamment pour en finir. Quelque chose n'avait pas encore été dit qu'il fallait que nous entendions. Nous allions passer tout le reste de notre temps à le chercher pour que ce qui avait commencé entre Marie et moi puisse se continuer.

– Jos, est-ce que ça tourne pour toi aussi ?

Je n'étais pas très bien moi-même et je compris mal les paroles de Marie qui ne portèrent pas – c'était mon cœur qui galopait furieusement, je n'entendais plus que lui et que le jaillissement du sang contre mes tempes. Ma queue s'était gonflée et les marbres dans le bourses n'avaient jamais été aussi douloureux. Je pris la main de Marie, la conduisis à mon sexe qu'elle empoigna.

– Je tombe. Fais quelque chose pour moi, Jos.

Elle avait mis ses deux mains autour de ma queue qu'elle masturbait. Elle était frissonnante, et horrible avec sa grande bouche ouverte qui laissait voir les plombs noirs sur les caries. Ses yeux étaient morts, roulaient dans les orbites. Pauvre face creusée par l'épuisement, rides monstrueuses dans la région du cou, totem de la fin fait à grands coups de couteau sur son visage. Les varices sur ses jambes avaient grossi, fait des bosses. Je n'osais plus la toucher, je commençais à avoir peur d'elle. Marie était peut-être un vampire ou quelque animal fabuleux.

– Jos, je tombe tout le temps. Fais quelque chose pour moi. Fais quelque chose, Jos.

Elle était tellement lasse qu'elle n'était plus capable de cette répétition. Je l'avais prise dans mes bras, avais essayé de la presser contre moi, mais elle était trop grosse maintenant et sentait trop mauvais. Je m'étendis loin d'elle, mis ma main sur mon front. Rien que du délire – ces millions de bêtes qui me mangeaient le corps, me broyaient les os pendant que je criais à la foule la nouvelle religion prophétique, la *Ghost Dance* du Verbe qui était comme un char de feu ailé sur lequel je haranguais les fidèles. Ma voix était un tonnerre, le ciel se remplissait de serpents dorés, et il y avait deux lueurs dans le firmament lumineux, des lunes grosses comme le poing fermé, et ensanglantées. Puis la vision s'élargit, m'enleva de moi-même, je vis mon corps flotter sur les eaux du déjà-vécu, j'étais tout raboudiné, sec comme un Christ mort, scalpé, les dents fermés sur ma langue mutilée, les mains et les pieds stigmatisés, putrescents.

Je vis aussi un être affreux, véritable sorcier de plumes et de cornes de bison, qui s'approcha de moi en psalmodiant des mots magiques, toujours les mêmes, qu'il répétait tandis qu'il sautillait sur place dans un grand bruit de chaîne d'os et de peau. Et je vis l'être affreux qui me touchait du bout du doigt d'où sortaient des arêtes avec lesquelles il me piquait le corps en des lieux secrets, à la hauteur des testicules, vis-à-vis du nombril, sur la pointe des seins et sur les lèvres, derrière les oreilles qui enflèrent et devinrent énormes. Puis je vis un groupe de femmes à la poitrine nue et un groupe de guerriers rouges danser autour de mon corps toujours immobile, vidé de l'esprit sacré.

Combien de fois avais-je essayé de me rejoindre, de traverser la palissade de pieux pour me retrouver et me récupérer afin de revenir auprès de Marie malade, en train de vomir sur les draps, accroupie sur ses genoux, les cuisses pleines de détritus qui sortaient d'elle, chauds et gluants?

Au moment où les guerriers rouges et les femmes s'affolèrent, le sorcier se mêla à la foule et fit, à l'aide d'une branche de coudrier, un cercle dans la terre. Puis après avoir dessiné une machine volante et un poisson, il sortit d'une poche la corde d'argent dont il attacha l'une des extrémités à un piquet au milieu du poisson, et il mit l'autre dans ma bouche, la cousant à ma langue. Il détacha ensuite de sa ceinture un couteau et me creva les deux yeux en disant: « Qui voit le noir voit tout. » Je ne poussai aucun cri, mais me sentis attiré vers mon corps que je réintégrai. Le sorcier disait: « Chante car tu as vaincu le mal sacré et la mort. Va enseigner tout notre peuple et libère-le de la chaîne de vie. »

Tout cela me parut limpide mais lorsque je m'éveillai, couché par-dessus Marie que je fourrais dans les vomissures, je compris la puissance de mon délire et de ma folie.

– Je suis malade, Jos. Débarque de sur moi pour l'amour du Christ !

Je la regardais, incrédule, sa misère était horrible à voir – des cheveux pleins de morve, des morceaux verdâtres de corned beef dans sa face, de la bave sur son menton, des yeux fiévreux, gros et vitreux, enfoncés dans sa tête comme des clous.

– Jos, je t'en supplie. Débarque de sur moi.

Je voulais sortir d'elle, je voulais cesser de me tortiller sur son ventre, je voulais enlever mon nez de la nappe de vomissure qui avait imbibé les draps et pénétré sans doute dans le matelas, mais je n'étais capable de rien de tout ça, il y avait dans mon cerveau une grande noirceur qui recouvrait tout. Je croyais qu'en m'arrachant à Marie, je tomberais raide mort à côté d'elle. Ou encore, j'allais me rendre compte que la bête abjecte de son sexe m'avait grugé la queue pour la mutiler. Ou j'allais me réveiller vraiment et comprendre que je venais de tuer Marie et de violer une morte.

– Jos, lâche-moi donc. Lâche-moi donc, Christ !

Elle me frappait maintenant, essayait de me mordre, ruait, ce qui me faisait entrer encore plus profondément en elle. Impression d'enfilement dans un monde caoutchouté. Glissade sur les molles parois pleines de ventouses suceuses décuplant le plaisir. Elle me faisait saigner en m'entrant ses ongles noirs dans la peau. Je serais bientôt plein de zébrures rouges, je deviendrais une plaie douloureuse et aveugle. Je résistai, me collai contre elle. Des morceaux de corned beef s'écrasèrent sur ses seins, devinrent des taches cancéreuses.

– Jos, veux-tu bien débarquer, Christ de Christ !

Marie réussit enfin à glisser l'une de ses jambes qui m'atteignit sur le sac à marbres. Je me sentis tiré par derrière. Cet éclatement du feu dans les marbres aplatis ! Ces visions rouges et vibrantes dans ma tête ! Ce raidissement brusque de la queue devenue barre de chair, œil électrique !

Au moment où je tombai sur le dos, à côté de Marie, il y eut un jaillissement en moi, je me mis à cracher un épais liquide blanc qui était comme un souffle de baleine dont les retombées sur mon ventre me glacèrent d'effroi. Marie pleurait, se lamentait à tous les diables. Je me tournai vers elle, essayai de la consoler, mais elle me repoussa. J'étais si épuisé que je ne me rendis même pas compte que j'avais la tête dans les détritus.

– Je t'aguis, Jos. Tu penses rien qu'à toi. On sait bien, moi je compte pas, je suis rien qu'une pauvre wétrice. Tout ce que tu veux, c'est profiter de moi. Après ça, tu vas me laisser tomber comme une vieille guénille.

Je l'aidai à se relever, nous avions besoin de nous laver, d'ouvrir les fenêtres pour aérer la pièce, de manger et, surtout, de nous taire.

Marie était enfin debout. Il y avait dans les souillures de son long corps quelque chose de si intime que j'eus un mouvement vers elle. Je la suivis jusqu'à la salle de bains où je commençai à me laver pendant qu'elle faisait couler l'eau de la baignoire. Odeur rance et forte, comme une pourriture de cadavre dans mes cheveux.

– Jos, c'est pas possible. On pourra jamais vivre toute notre vie comme ça. Qu'est-ce qu'on va faire ?

Je ne répondis pas. Marie se mit à fredonner *Ainsi chantait mon père lorsqu'il quitta le port*, ce qui était la scie préférée de Malcomm quand le désespoir se chargeait de lui. Il montait alors sur une grande table où, majestueux et quelque chose de fou dans le regard, il s'illuminait. Ses grandes mains tournées vers le public, Malcomm entonnait de sa voix forte le fameux refrain dont la banalité chavirait brusquement, de sorte que nous avions l'impression d'entendre un chant sacré, quelque homélie religieuse qui nous était intolérable, parce qu'elle communiquait avec quelque chose d'intouché en nous. Or nous ne voulions pas basculer, devenir fous comme Malcomm, nous mettre à délirer, agenouillés sur les grandes tables du Café du Nord. Aussi lancions-nous des bouteilles de bière vides vers Malcomm qui finissait par tomber, emportant avec lui son chant inaudible.

Dans le miroir, ma face était hideuse à force de fatigue. Gros yeux globuleux et rouges, peau exsangue, barbe forte et surtout le relâchement des lèvres. Marie faisait clapoter l'eau de la baignoire, elle jouait avec le savon qu'elle lançait en l'air et qui nous éclaboussait quand il touchait l'eau en faisant un ploc sonore. Je souriais à Marie, finissant de me raser avec son Ronson. Puis, nu devant elle, je commençai quelques exercices qui firent revenir mon sang dans ma face. Je dis :

– J'ai faim.

Mais cette brutale impression que rien ne s'était encore passé entre Marie et moi, que dussions-nous vivre une éternité en compagnie l'un de l'autre, il n'arriverait jamais rien que notre absence, que la fausseté des images que nous nous donnerions de nous-mêmes – que le silence et l'errance à la périphérie de nos corps brisés et immobiles, atteints dans ce qui en nous était inatteignable. Peut-être n'y avait-il pas de passé, pas de mémoire qui pouvait nous rappeler ce que nous étions et nous rendre futurs. Marie dit :

– Jos, est-ce que tu m'essuierais pas le dos ?

Je pris un gant de crin, frottai Marie entre les omoplates. Elle se désarticulait dans la baignoire, se laissait aller selon la pression du gant dans son dos. Sa peau rougissait.

– Ça fait du bien, Jos. Du grand bien.

Et pourtant, l'incapacité de reprendre hors de la facilité qui nous guettait. Nous allions devoir recourir aux artifices parce que nous avions encore deux jours à vivre ensemble et que nous n'avions plus la force d'être profonds. Comment notre parole aurait-elle pu ne pas devenir gestuelle ? Nous n'allions plus nous toucher et nous comprendre que dans des jeux de corps.

Marie s'était redressée dans la baignoire, ses grosses fesses à la hauteur de ma face, et dégoulinantes d'eau. Je l'essuyai, puis elle se laissa lécher entre les jambes, les yeux grands ouverts et fixés sur la porte de la salle de bains. Haletante et chaude. La nuit tombait encore, nous étions dans la noirceur du cinquième jour, et peut-être pensions-nous que tout cela serait bientôt fini et impossible car nous devenions furieux et orgiaques. Nous étions le chiffre sacré, le serpent lové qui se mordait la queue. Nous étions douloureux et mortels, contenus tout entiers dans l'instant, tour à tour possédés et dépossédés, enveloppés et rejetés hors de nous-mêmes – et nous allions encore une fois nous user dans cette recherche de notre univers.

– Jos, c'est comme si tu m'aspirais, c'est comme si j'entrais dans ton ventre et dans ta bouche, c'est comme si je me vidais.

Elle n'était plus capable de se taire, il lui fallait ce lien pour qu'elle ne tombât pas dans l'inexisté, pour qu'elle ne pût mourir, et pourtant elle savait que cela allait la tuer, qu'à force de parler elle se défaisait, se projetait, en pièces détachées, dans le monde si blanc de l'oublié.

Les ressorts du divan m'entraient dans les fesses. Marie me mordait la queue, assise à cheval sur moi, son gros cul tourné vers ma face. Je pensai aux longs poils noirs, je dis :

– Puits du derrière rosé sur lequel perle de la sueur.

Je me laissais faire, la tête pleine de beautés obscènes et de mots orduriers. Je dis :

– Et Abel, est-ce qu'Abel faisait bien l'amour ?

– Je savais que tu finirais par me demander ça.

Elle ne voulut pas me renseigner, préférant m'avaler jusqu'aux poils sombres. Ça l'apaisait, comme de me mettre les fesses sur la tête pour que je la touche et la mouille.

Des cercles tout autour de nous et en nous, des éclairs, et des craquements de vertèbres, des phrases vulgaires comme des coups de fouet dans nos oreilles. Et la sensation d'une longue plongée, l'éclatement du sexe dans la bouche pulpeuse, le cri redit tant de fois encore qu'il se désamorçait, se brisait et se perdait en mille insignifiances.

Le téléphone sonna plusieurs fois, pour nous tirer de l'enchantement du rythme. Le feu de la cigarette de Marie était une libellule dans la noirceur. Elle dit :

– J'ai jamais aimé un homme. Je pensais que je pourrais me passer du cul, Jos.

Mais elle avait dit ça de telle façon que la phrase me parut belle, et je me la répétai à moi-même plusieurs fois.

– C'est parce que je pense que tu me voles. Il y a quelque chose au fond de moi qui me dit de pas perdre la tête, sinon je la retrouverai plus. Je suis pas prête à faire ça pour toi, je l'ai jamais fait et je le ferai jamais, Jos.

Ce n'était pas tout à fait ce qu'elle voulait dire, j'en étais sûr, mais il ne fallait pas non plus que tout entre nous devînt limpide. Tous deux, nous avions choisi de faire durer la situation pour que pourrissante, elle nous rejetât l'un de l'autre. Nous en étions à notre dernier jour, nous le savions et quelque chose de nous venait enfin de mourir.

Mais Marie se mit à comprendre de moins en moins au fur et à mesure qu'approchaient les dernières heures. Elle s'enfonça dans une espèce de mélodrame qui tourna mal quand elle se remit à boire. Elle se versait de grands verres de whisky sur le sexe et voulait que je boive ça à grands coups de langue. Elle fit marcher la télévision, me montra comment elle se masturbait quand elle était toute seule. Elle pleura sur mon épaule, inventant des fables – borborygmes de mots mutilés et blasphématoires qui ne pouvaient plus qu'atteindre ma couche superficielle. Elle me chanta des bêtises, tout à coup violente et malpropre, puis cela aussi cessa, il n'y eut plus que ses sanglots, que ses larmes qui disaient jusqu'à quel point elle était folle et perdue et seule.

La télévision s'était encore détraquée, l'image sautillante faisait des zébrures sur les murs. Je me levai, jouai avec les boutons, fis bouger l'antenne qui était comme une herbe argentée sur le dessus de l'appareil, et les faces revinrent, presque parfaitement grises. J'eus toutefois besoin de l'aide de Marie qui régla le mécanisme, haussa le volume que par erreur j'avais fermé. Il y avait des chanteurs qui se succédaient les uns aux autres après avoir dit des choses inintelligibles mais faciles et obsédantes à cause du rythme qu'exagéraient les tapements dans les mains, les habits scintillants, les pantalons luisants qui collaient aux cuisses. Un monde asexué et fragile, des taches de couleur noire ou blanche et, parfois, seules sur l'écran, les fesses rondes d'une danseuse, les reins nus et d'un gris troublé, si diaphane que cela émouvait et nous donnait, à Marie et à moi, l'envie d'être fabuleux et pourvus d'organes énormes. Queue si longue que j'aurais pu ligoter Marie avec. Marbres gros et lourds comme les sphères creuses de Saturne. Vagin comme une grotte à l'intérieur de laquelle une machinerie démente, tout en lames de rasoir et en dents de scie, se mettait à marcher, obligeant Marie à des tressaillements qui la rejetaient sur moi.

Comment aurais-je pu ne pas m'apeurer de ses gros yeux fixes et de ses comportements vicieux ?

– J'aimais pas Abel, dit enfin Marie, tout à coup défaite et humiliée, ses longues jambes écartées sur le bord du divan, et moi assis par terre. Je l'avais ouverte de mes deux mains et mis ma langue dans son sexe pour l'explorer.

– Je suis froide, Jos. Je sens plus rien depuis mon cancer.

Il y avait des larmes qui coulaient jusque sur sa gorge.

Nous nous quittâmes à l'aube du septième jour. Il faisait beau (du grand soleil rouge au-dessus des maisons), et pourtant c'était comme si j'avais marché dans une aura de brouillard. Je me croyais vieux maintenant. Cette étrange douleur du thorax, comme une aiguille enfoncée dans le poumon. Je relevai le col de mon imperméable et pensai qu'il y avait longtemps que je ne m'étais pas livré à la méditation et qu'une semaine venait de s'écouler qui ne m'avait appris que le grand besoin que j'avais de ma solitude et de mon mépris.

XI

Je ne la veux pas dans les rêves, je la veux dans la vie, ici, avec moi, bien vêtue par son fils et fière d'être protégée par son fils. Elle m'a porté pendant neuf mois et elle n'est plus là. Je suis un fruit sans arbre, un poussin sans poule, un lionceau tout seul dans le désert, et j'ai froid.

ALBERT COHEN, *Le Livre de ma mère*

Mam est morte à l'aube, entourée de tous ses enfants qui, pour quelques-uns, s'étaient déplacés d'aussi loin que Sept-Îles et Winnipeg pour assister à sa fin. Pendant trois jours, Mam a été dans le coma, après quoi elle a retrouvé sa conscience. Mais elle était aveugle, car elle ne nous voyait plus, n'imaginait pas que nous étions si nombreux à la regarder mourir doucement, presque avec tendresse. Les grands yeux bleus de Mam désormais fixes dans les orbites creuses. Pa ne l'avait pas quittée, il avait mis une chaise près de son lit et, quand le médecin était venu, il avait dit, après avoir examiné Mam :

– J'ai bien peur qu'il n'y ait pas beaucoup d'espoir, monsieur Beauchemin.

Des larmes étaient venues dans les yeux de Pa, mais il avait eu honte sans doute, car il avait sorti un mouchoir et s'était essuyé la face dans le couloir avant de retourner à la chambre. Mam avait dit :

– Je sais bien que je vas mourir. Je le sais depuis des mois que je vas mourir. Je me suis habituée à ça.

Elle n'était plus capable que de boire des jus de fruits, à petites gorgées, et encore fallait-il tenir son verre et lui essuyer la bouche après, à cause du liquide qui coulait de ses lèvres dans son cou et tachait la jaquette bleue qu'elle avait mise. Mam, vieille femme aux vaisseaux durcis, amaigrie au fond du lit. Mam, vieille femme sous les couvertures, aux jambes paralysées, aux idées s'éparpillant, se cassant comme des fils pourris et faisant une sarabande dans la tête. Mam, vieille femme usée et cancéreuse, dont le visage jauni était une feuille morte aux nervures saillantes.

– Laissez-la se reposer, disait Pa. Sortez donc, les enfants. Sortez donc.

Il restait tout seul avec Mam, se penchait sur le bord du lit pour embrasser sa face immobile, sa face d'éternité déjà, et il aurait voulu pleurer et mourir avec elle. Depuis quarante ans, pensait-il. (Mais maintenant le foie engorgé qui faisait une boule sous la chair, le foie dévasté et défait, rempli de sang que Mam crachait dans la bassine. Sang noir et plein de caillots que Gisabella allait tout de suite vider dans les toilettes en grimaçant. Mourir. Mourir tout le temps.)

Mam n'avait pas voulu qu'on ouvre le store, elle était tout à coup très sensible à la lumière, de même qu'aux musiques, de sorte que pendant trois jours nous nous étions tus, n'avions parlé que dehors, dans la neige tombant, et le vent déchaîné. Froide mort dans le matin de décembre. Mam partie – plus rien que de vains souvenirs. « Jos, il faut pas courir sur les traques à cause des gros chars. Du charbon, on peut en acheter. Pas besoin d'aller là-bas en ramasser avec le tombereau. Reste ici, Jos. » Pourquoi ce rappel de Mam dans la porte et pourquoi n'avais-je pas oublié qui elle était, ce matin-là ? Pourquoi se souvenir d'elle me regardant courir vers le Petit-Canada (sa robe à pois bleus, ses bras nus et bruns, sa main devant ses yeux) ? Pourquoi n'y avait-il pas eu l'immobilité du monde sur le pas de la porte, ce jour chaud de printemps dans les Trois-Pistoles ? Et tant d'autres rappels tout à coup : la maison au fond de la cour, comme un château avec ses lucarnes et les petits arbres devant et la clôture de pierres disparaissant sous les arbustes. Quand Mam avait peinturé les escaliers du solarium, des cloches grosses comme le poing s'étaient formées, que le soleil faisait éclater. On voyait le bois nu et la peau de la peinture toute ratatinée. Des verrues hideuses. Déçue de son ouvrage, Mam s'était appuyée à la rampe, elle savait que Pa allait sortir du restaurant, elle savait qu'il aurait son grand tablier à la main, un crayon Café de l'Aréna sur l'oreille, et ses yeux tristes des mauvais jours. Je ne me souviens pas de ce que Pa lui a dit mais elle s'est mise à pleurer, accotée à la porte, son pinceau tachant de brun sa robe. Tant de pois bleus salis ! Tant de larmes coulant le long de ses joues ! Et aussi la nudité de Mam dans le petit chalet à toit pointu que Pa avait loué pour les vacances. Le beau corps gras et blanc dont les seins, quand elle se penchait pour ramasser ses bas sur le plancher, étaient comme des cloches, et les premiers gonflements du sexe tandis que, dehors, sur le roc les vagues s'échouaient avec fracas dans les odeurs de varech pourri.

Dans la chambre de Mam, les odeurs de médicaments nous prenaient à la gorge. Nous étouffions nos éternuements dans nos mouchoirs. Mam parlait parfois dans son sommeil, des semblants de mots dits comme des hoquets, inintelligibles, que nous essayions pourtant de comprendre parce que nous savions qu'elle se tairait bientôt et que jamais plus elle n'ouvrirait la bouche. De la bave coulait sur son menton, rosée – presque des caillots. Pa l'essuyait avec des kleenex qu'il prenait dans un carton. Il s'y appliquait avec tant de tendresse qu'il y avait dans les gestes qu'il faisait quelque chose de grotesque. Sa grosse main veinée aux ongles noircis par la nicotine. Et les feux de la montre-bracelet en or.

— Parle pas, Mam. Faut pas que tu parles. Le docteur l'a dit. Repose-toi. On est tous là.

Ainsi disait Pa, incapable de silence, presque à bout de force, ses yeux petits et rouges.

— Parle pas, Mam. Parle donc pas.

Il lui tenait la main, embrassait la paume rigide. Le corps de Mam était tout petit sous les couvertures, on aurait dit un petit enfant couché au milieu du lit, un petit enfant apeuré parce que le flux de la souffrance lui martelait les tempes. Cette impression de douleur jamais éprouvée. Cette impression de douleur sans référence. Mam se tenait à la main de Pa, ses ongles lui entrant dans la chair qui saignait. Mam disait :

— Ça tourne, Pa. Est-ce que je vas tomber ?

Elle ne pouvait plus bouger, à cause de ses jambes froides et dures. Et le pus brunâtre imbibait les pansements, faisait une croûte puante sur les mollets. Gémissante, Mam emportée par la fièvre et le délire. Elle sapait parce que sa langue était sèche et qu'elle étouffait. Pa lui mouillait les lèvres avec une éponge, ça la calmait quelques instants, elle fermait les yeux. Elle disait : « Je voudrais tant dormir. » On aurait dit que les mots qu'elle prononçait ne sortaient que de sa gorge tant ils étaient rauques et ne lui appartenaient pas. « Je pense que ça fait une éternité que j'ai pas dormi. » Tant de matins elle s'était levée avant le jour, marchant les pieds nus dans la maison pour ne pas nous réveiller. Assise sur le bout de sa chaise, penchée

vers la table, face au soleil apparaissant entre les édifices, mangeant ses toasts au miel et buvant à petites
gorgées du café bouillant – c'était Mam, muette dans
l'attente de Pa qui revenait de l'asile à sept heures, les
yeux creux, fatigué et déprimé. Trop de tristesse à
l'asile, trop de gestes et de bruits qu'il ne pouvait pas
assimiler, trop de crises, trop d'épileptiques lui mordant les mains, lui donnant des coups de pied et lui
criant des obscénités, lui brisant ses lunettes. Pa lui
disait : « Des morts. Tous ces petits gars-là sont déjà
morts et enterrés. Pourtant, il faut bien leur mettre
parfois la camisole de force et les enfermer dans une
cellule matelassée où ils se font piquer et tombent en
pâmoison. »

Il hochait la tête, et c'était parce que Mam savait
qu'il se sentait coupable pour tout ce qui se passait à
l'asile qu'elle tenait à lui ouvrir la porte et à se faire
embrasser avec les premières beautés du matin.

Pa avait loué des chaises qu'il avait placées en
demi-cercle dans la salle de jeux. Quand les visiteurs
venaient pour voir Mam, on les faisait asseoir là
avant de les conduire dans la chambre où les râles de
Mam se faisaient plus profonds et plus espacés. Le
plancher sale à cause de la neige, les carpettes toutes
mouillées sous les pieds, les bruits de succion de l'eau
boueuse. Dans la chambre sombre, au bout du corridor, de vieilles souffrances se déterraient, ravageant
le beau visage de Mam désormais déformé par les
tics. Elle avait demandé à Pa qu'il lui enlève ses fausses dents car des ulcères s'étaient formés dans sa bouche. Vieille, vieille, si vieille femme maintenant ! Ses
cheveux qui tombaient par touffes grises, laissant de
grandes plaques de chair sur le crâne. Ses joues

creusées, le menton presque disparu dans la bouche vide, les rides pour la première fois observées sur le front.

– Jos, donne-moi un peu d'eau.

Je prenais la carafe sur la table de chevet, vidais quelques gouttes dans un verre. Pa disait :

– Laisse, Jos. Je vais la faire boire.

La main froide de Mam sur mon poignet. Peut-être voulait-elle me dire quelque chose que je n'avais pas su comprendre. « T'étais un beau bébé, Jos, avec de grosses cuisses. Tu te traînais dans ta marchette, puis t'étais tout fier de toi quand t'arrivais à te lever. Tes grands boudins s'agitaient dans le vent. » Il y avait déjà longtemps qu'elle m'avait dit ça. Je ne voulais pas y penser car trop de paroles comme celles-là allaient me revenir et me miner et m'empêcher d'être vraiment auprès d'elle qui avait besoin de ma présence. Elle avait aussi demandé qu'on lui mette entre les doigts son chapelet :

– Le beau, celui qui est en cristal de roche et que Steven m'a envoyé de Paris l'an passé.

Pa avait fouillé dans le tiroir, trouvé la boîte de velours bleu, regardé la croix d'argent :

– Tiens, Mam.

Ses lèvres s'étaient mises à bouger, elle priait maintenant :

– Je me sens moins fatiguée. Mais c'est toujours comme si je m'enfonçais dans le lit. J'ai chaud, Pa.

Du salon, on entendait les sanglots de Colette. Pa dit :

– Jos, va donc lui demander de se la fermer.

La voix lente de Mam, qui ne se reconnaissait plus, déformée, presque animale :

– Où est-ce que tu vas, Jos ?

– Dans la cuisine, Mam. Je vais boire un verre d'eau et je reviens.

Plus violents se faisaient les sanglots de Colette. Elle était couchée sur le divan et pleurait, les mains recouvrant son visage. L'appareil orthopédique dont l'acier brillait dans le clair-obscur de la pièce, le gros soulier de son pied gauche, les fragiles épaules tressaillantes à cause des sanglots – tout ça me brisa le cœur. Je dis :

– Voyons, Colette.

Elle sursauta et son gros soulier, en frappant le plancher, eut un bruit sourd.

Il y aurait la tombe bientôt, les fleurs, les oraisons chuchotées, les genoux fatigués sur la moquette du salon funèbre, le fer forgé du lutrin sur lequel serait ouvert un cahier où les visiteurs inscriraient, pour recevoir le carton de remerciements, leur nom suivi d'une adresse, et les croque-morts maniant la pompe qui succrait le sang de Mam, le crochet attachant l'une à l'autre les mâchoires, la robe noire sur le corps nu, dur et froid, la rose piquée dans le satin près de la tête de Mam.

– Pleure pas, Colette. Pleure pas.

Je m'étais assis à côté d'elle, faisant ce que je pouvais pour essayer de la consoler.

– Mam va mourir. Mam va mourir !

Les embaumeurs travailleraient rapidement, ils n'auraient aucun respect pour cette vieille femme morte si semblable à tant d'autres qu'ils avaient regardées sans amour, vues nues et laides dans la pose éternelle. Ils seraient sans tendresse et sans souvenirs, ils parleraient, une aiguille entre les dents, pour ignorer la mort mise entre eux par ce corps immobile qui, bientôt, dans les profondeurs de la terre, allait disparaître.

— Mam va mourir. Mam va mourir !

Colette hurlait maintenant, et je mis ma main sur sa bouche pour empêcher les cris de se rendre au-delà du corridor. Elle me mordit les doigts, prit sa béquille, essaya de me frapper — et je compris que moi aussi je pleurais. Je dis :

— Viens prendre un café. Viens donc, Colette.

Elle me suivit dans le corridor, sautillante à cause de sa béquille. Dans la mare boueuse, sur les nénuphars étendus au fil de l'eau comme des gales vertes, les crapottes bondissaient aussi disgracieusement — *comme des infirmes*. J'avais essuyé les yeux de Colette et j'avais tout à coup beaucoup de pitié pour elle. À force de s'appuyer au manchon de la béquille, sa main serait bientôt difforme et laide, outrageusement musclée. Et la jambe plus petite et privée du mollet, jambe sèche de femme déjà vieille. Mam, ne meurs pas.

Toutes les chaises étaient prises dans la cuisine. L'oncle Phil Deux, qui était arrivé dans l'après-midi, se leva pour laisser sa place à Colette.

— Je vas aller m'asseoir dans la salle de jeux.

Il était ivre et ne voyait presque plus rien parce qu'en montant l'escalier, il était tombé et avait brisé ses lunettes. Ses yeux comme des trous noirs. Peut-être l'oncle Phil Deux pensait-il à sa propre mort car il s'était tenu à la limite du silence, ne disant que des bribes de phrases qui n'étaient pas écoutées et dont il se désintéressait avant de les terminer. Il commençait : « Le voyage a été long, les routes dans la tempête… », mais il n'allait pas plus loin, ignorant ce qu'il fallait ajouter. Senteurs de pizza dans la cuisine. Sur la table, quelques morceaux de pâte baignant dans de la sauce à la tomate. L'œil rouge de la cafetière électrique s'était éteint. Il y eut quelques bouillonnements encore sous la coupole de verre, puis tout se tut, personne ne trouvait rien à dire. Mais les râles de Mam au bout du corridor !

Rien n'arrivait plus. Nous étions comme des morts sans mémoire, figés dans l'immobilité agonique. Nous n'existions plus. Nous avions été abandonnés sur la roue cloutée des illusions. Des milliers de cadavres. Nous étions seuls et sans Mam déjà pourrissante, petits et doux et malheureux d'être morts en elle qui allait être inaccessible et méconnaissable. Que des souvenirs désormais, que les tricheries du déjà-su. Par exemple, une main potelée sur le genou ou colères saintes ou jambe allongée sur un pouf dans la vieille maison de Saint-Jean-de-Dieu ou Jos triste revenant après trois longues années d'absence, revenant vers Mam qui l'avait vu arriver par la petite route de terre, qui l'avait vu pauvre, seul et las et pleurant de remords : « Ah ! Jos. C'est donc toi, Jos ! » – puis cette mort dans le petit matin, cette éternité de la mort douloureuse. « Jos, promets-moi que tu boiras plus. Promets, Jos. » Mais encore d'autres faces d'elle. Mèches noires de ses cheveux sur le front et bague rutilante dans le soleil. Il y avait grand-mère qui nous faisait rire parce qu'elle avait tenu à garder sur sa tête un chapeau affreux, il y avait les tantes, il y avait Mam en maillot de bain. Bleu maillot ! Ses cuisses étaient des colonnes marbrées et nous essayions de la faire tomber en la tirant par les chevilles. Et le Saint-Laurent, l'île aux Basques, la carrière comme une blessure sur le flanc de la montagne, les statues de bronze dans le clocher de l'église. Et nous tous autour des femmes blanches assises sur le rocher et buvant des eaux gazeuses en parlant d'avenir dans les rires.

– Jos.

Je relevai la tête. Pourquoi m'étais-je endormi alors que Mam était si proche de la mort ?

– Jos, tu vas te briser le cou en dormant comme ça.

C'était Pa, il avait enlevé ses lunettes. Comme il ressemblait à grand-père prostré au bord de la fosse, les yeux vides et enfoncés dans la tête !

– Mam s'est enfin endormie.

Je me levai, fis quelques pas, ma jambe s'était engourdie – lourde comme remplie d'aiguilles. Il n'y avait plus que Pa et moi dans la cuisine. L'oncle Phil Deux s'était allongé sur le divan dans le salon, Abel dormait dans une chaise longue et Colette, dans la chambre des filles, s'était enfin mise à ronfler. La lampe jaune de la cuisinière, les aiguilles phosphorescentes de l'horloge suspendue au mur, la puanteur des cigares mal éteints dans les cendriers. Pa dit :

– Elle aurait dû aller à l'hôpital, je comprends pas pourquoi elle a refusé qu'on fasse venir l'ambulance.

Il avait de la difficulté à garder son calme. Quand il croisait les jambes, elles se mettaient à trembler. Il dit : « Ça va si vite ! », et il se cacha la tête dans les mains. Son café refroidissait sur la table – la mince couche blanche sur le dessus de la tasse. Les épaules de Pa emportées par le rythme de ses sanglots. Ses cheveux blancs ébouriffés. Et la tranquillité de la nuit noire et les stores baissés.

Puis le cri de Mam comme une déchirure. « Qu'est-ce qu'il y a ? » demanda Pa en levant la tête vers moi, la face noyée dans ses larmes. Je dis : « C'est Mam. » Nous nous levâmes. Pa échappa sa tasse de café qui se brisa sur l'une des pattes chromées de la table. Puis le cri de Mam comme une déchirure. J'avais suivi Pa dans le corridor. Derrière la porte de la chambre sur laquelle avait été suspendu un petit crucifix blanc, Mam venait de mourir seule, ses petites mains nouées autour de son chapelet. Je vis une grande bouche ouverte et la langue tortillée dans la gorge et les yeux énormes fixés sur les oiseaux bleus de la tapisserie. Pa se pencha sur elle :

– Mam ! Mam ! Qu'est-ce qu'il y a, Mam ?

Elle était morte maintenant, tachée par le sang noir qui avait coulé sur son menton.

– Mam ! Mam !

Pa s'effondra. Je fermai les yeux de Mam, essuyai le sang dans son cou.

– Elle est morte. Mam est morte, Jos.

Et presque tout de suite, il y eut cette ambulance blanche parquée devant la porte et les brancardiers silencieux tirant la civière comme une tombe ouverte dans le corridor. Mam y fut déposée et recouverte d'un drap, puis les brancardiers disparurent. Forme anonyme de Mam perdue dans les tunnels de la ville – et senteur âcre de la dernière excrémentation, le lit mouillé d'urine, les pansements inutiles faisant un petit tas brunâtre à côté de la table de chevet, et la carafe d'eau renversée sur la taie d'oreiller par les brancardiers pressés, et le chapelet en cristal de roche dans les couvertures, et les cris aigus des filles éclatant comme des sifflements dans la maison, et les pleurs, et les gémissements, et l'évanouissement de Colette, et le bruit de sa béquille tombant dans l'escalier, et la seringue du médecin s'enfonçant dans son bras. Délirante Colette mourant pour Mam, bavant et criant dans des visions de poumons d'acier, de tubes insérés dans les narines, de bouteilles de sérum, de sacs de sable sur les genoux, de pansements brûlants enveloppant les membres paralysés. Colette perdue dans le labyrinthe des Morts. Colette se roulant par terre, atteinte par le haut mal de la fin de Mam. Colette crucifiée et immolée après l'enfoncement de la seringue dans la grosse veine de son bras.

Puis le fiasque de gin ouvert sur l'armoire pour Pa brisé. Peut-être les embaumeurs avaient-ils déjà ouvert Mam et s'apprêtaient-ils à vider ses organes avant de la pousser sans ménagement dans l'un des tiroirs du grand frigidaire sans givre.

Puis le choix du cercueil dans l'édifice des pompes funèbres. Pa était ivre et je devais le soutenir alors que nous nous promenions entre les rangées de cercueils ouverts. Entassements de satin et de prie-Dieu au fond de la cave mal éclairée, poignées des caisses rutilantes, humidité qui me faisait frissonner. Et Pa complètement soûl qui ne se rendait pas compte de ce qui se passait, Pa qui blaguait avec l'entrepreneur des pompes funèbres se dressant devant nous comme un marchand de la mort, vantant sa marchandise, offrant ses cercueils à crédit. Près de la porte étaient empilées de petites tombes blanches recouvertes d'une épaisse couche de poussière.

Et ce prêtre qui nous attendait dans le bureau de l'entrepreneur des pompes funèbres – vieil homme aux dents cassées qui nota le jour de l'inhumation sur un carton et nous suggéra de passer au presbytère. Et pendant tout ce temps, le corps dur de Mam reposait à la morgue, seul dans le tiroir de métal, abandonné et fermé comme une énigme.

Il y eut aussi l'accident quand nous sommes revenus à la maison, la portière de l'auto enfoncée par un énorme camion, les vitres éclatées sur l'asphalte, le sang giclant de la coupure que je m'étais faite au front en heurtant le pare-brise (et pourquoi donc avais-je tout à coup pensé que Mam n'avait jamais aimé les chats ?) Et la neige qui s'était remise à tomber.

Puis Pa dit :

— Jos, est-ce que t'appellerais les parents ? Il faut qu'on les prévienne.

Je cherchais les numéros dans l'annuaire, je téléphonais aux oncles et aux tantes. La même question, toujours : « Est morte comment ? » Et j'expliquais, je disais l'heure et l'adresse de la maison funèbre. « OK, Jos. On est peinés pour vous autres. Dis-le à Charles. » Je raccrochais, le gros annuaire sur les genoux. Sentiment d'irréalité, spectateur d'une mauvaise comédie vue des milliers de fois. Deuxième mort de Mam se faisant en moi dans la futilité des gestes que je posais. Le hideux bizz du téléphone : « Il n'y a pas de service au numéro que vous avez composé. » Être perdu désormais et mort.

Je téléphonai ainsi pendant deux heures, après quoi je laissai ma place à Gisabella et allai, avec Abel, au Miracle Mart pour acheter des vêtements noirs. Le long trajet en autobus, la fureur du bruyant moteur et

les roues tournant dans le vide sur la glace, les vibra-
tions de l'autobus. Ces vitres givrées sur lesquelles
Abel dessinait des croix avec ses ongles. Nous nous
taisions, il nous suffisait d'être l'un près de l'autre.
Nous avions déjà parlé tant de fois pour ne rien dire !
Combien de cafés bus pendant que Jos s'envolait,
content de ses trouvailles qui le masquaient de ses faiblesses ? Combien de phrases tirées du vide pour
l'éblouissement d'Abel aux yeux fiévreux, Abel amaigri, Abel au bras gauche écharpé ? Combien d'agonies
dans la fumée et les hurlements de la boîte à musique ?
« Jos, je t'aguis pour tes fleurs de rhétorique. »

L'autobus s'immobilisa, Abel et moi descendîmes. Nous marchâmes rapidement dans la neige,
Abel plus rapide et pressé d'arriver au Miracle Mart.
« T'aurais dû mettre des gants. » Il avait enfoncé ses
mains dans les poches de son manteau qui lui arrivait
presque aux chevilles, de sorte qu'avec la neige, il me
donnait l'impression de ne pas avoir de pieds, de
n'être qu'une masse noire immobile. Mes lunettes
devinrent pleines de buée quand la porte du Miracle
Mart se referma derrière moi. Moi myope tout à
coup. Je voyais mal les comptoirs sans fin. Que des
taches de couleurs. Que des rais de lumière sortant
du plafond. Que la voix amplifiée des haut-parleurs :
« Visitez le royaume des jouets ! Vente éclair de pneus
d'hiver ! Grand solde de mixettes au deuxième
étage ! » Tout cela se perdait dans le bruit des chariots
heurtant les comptoirs et les éclats de rire et les voix
de femmes triant la marchandise et défaisant les
emballages. Boules de chewing-gum éclatant sur les
lèvres lippues, sourire de dents gâtées des vendeurs
portant sur l'épaule le galon à mesurer.

J'achetai pour Pa des bas noirs, une cravate et une chemise, puis j'allai retrouver Abel qui était malheureux parce qu'aucun des habits essayés ne lui plaisait:

– Là-dedans, j'ai l'air d'un croque-mort de peur.

Il finit tout de même par faire son choix, un tweed noir. Comme un grand corbeau aux yeux tristes. Le vendeur dit:

– Faudrait ajuster l'épaule gauche. Ça va prendre cinq minutes.

– Cinq minutes, ça met parfois une heure à passer.

Nous allâmes au restaurant. De là, nous avions une vue de tout le Miracle Mart décoré pour la Noël; feuilles de houx, guirlandes, boules grosses comme des cloches suspendues par des ficelles au plafond, jeux de lumières clignotantes encerclant les colonnes, masques de père Noël barbus au-dessus des comptoirs. *Merry Christmas.* Abel avait dit:

– Je voudrais partir, loin, et ne plus jamais avoir à revenir.

Notre sensibilité à fleur de peau. Ces larmes dans les yeux d'Abel. Il dit:

– Comme quand grand-mère est morte. J'avais été avec Mam la voir dans la tombe entourée de fleurs; tout le monde pleurait. C'était l'automne et il pleuvait un peu dans le cimetière, le treuil sur lequel on descendait le cercueil brillait, je me tenais à l'arrière, sur le bout des pieds pour voir les croque-morts. Grands chapeaux durs, gants gris: quatre mauvais oiseaux aux quatre coins du monde tombant dans la fosse boueuse de grand-mère. Et Mam était en face de moi, dans la première rangée, Jocelyne et Gisabella à ses côtés. Mam avait un mouchoir devant les yeux et regardait le fossoyeur jetant des pelletées de terre sur la tombe. Les mottes faisaient un drôle de bruit en frappant le couvercle du cercueil, et je me demandais si tout était mort dans grand-mère et ce qui allait lui arriver lorsque la terre serait gelée. Tout tournait autour de moi, c'était plein d'arbres et d'églises et de formes noires et de tombes chavirant dans mes yeux. Je me mis à vomir, parce que j'avais honte, et je suis parti en courant.

Petites rues de Saint-Jean-de-Dieu. Hommes difformes sur le pas des portes de l'épicerie Ouellette et de l'Hôtel Lévis. « Cours pas comme ça, mon gars. Tu vas te crever. » Chevaux écumants dont les fers résonnaient sur l'asphalte. Glas angoissant et pourriture de la vie. Les feuilles rouges des érables tombaient et les graines aux bouts effilés comme des hélices tourbillonnaient en essaims de guêpes.

– Voilà, monsieur.

Le vendeur avait mis l'habit noir dans un carton et nous étions partis. La nuit venait. Une fois arrivés à la maison, nous allions devoir nous habiller à la hâte, avaler un sandwich et un café. Papa dirait : « Dépêchez-vous. Il faut être au salon à sept heures. » L'alcool coulant dans les verres. L'oncle Phil Deux renvoyant dans l'évier, son dentier maculé de taches verdâtres à la main. Et Abel immobile devant le miroir, faisant et défaisant le nœud de sa cravate. Quelques tantes, debout dans la salle de jeux, chuchotant ou regardant la télévision. Un homme écrasé par un camion, sa tête broyée, les gros pneus pleins de sang. Nous étions donc tous morts et pourris ? Pa ferma les lumières, et nous le suivîmes dans le corridor, descendîmes l'escalier. Le vent. J'enlevai mes lunettes, les mis dans la poche de ma chemise. De la neige fondait sur mes lèvres. Mam désormais couchée dans le cercueil, les lèvres minces qui souriaient. Mam figée dans l'attente. « Vous allez beaucoup prier pour moi, hein ? »

Le directeur des pompes funèbres vint au-devant de nous, serra la main de Pa. Ses souliers craquaient. Il dit : « C'est le salon B. » Je lus l'affiche sur le mur. Lettre blanches sur fond rouge :

Mathilde Beauchemin,
née Mathilde Bérubé,
cinquante-cinq ans et sept mois,
Service : le lundi 20 décembre,
à dix heures
dans l'église de Saint-Jean-de-Dieu.
Inhumation
dans le cimetière de Saint-Jean-de-Dieu.

Le bruit discret de la canne de Colette sur le tapis bleu. La porte-accordéon du salon B s'ouvrit et Pa alla tomber sur le prie-Dieu devant la tombe. Il sanglotait, le visage dans ses mains, et balbutiait des mots inintelligibles. Les senteurs des fleurs étaient des odeurs de mort s'accrochant dans les poumons. Gisabella éternua. Nous nous mîmes à genoux et récitâmes le chapelet. Au-dessus de nous, le purificateur d'air s'était mis en marche, couvrant par moment la voix de tante Florence. J'avais mal aux genoux. Ma tête était comme une boule creuse. Vision de Mam fardée dans le cercueil. Vision de nous tous dans la terre, putrescents et dévorés par les vers. Je dis à Abel agenouillé à côté de moi :

– Viens.

Nous sortîmes.

– Elle a beaucoup changé, dit quelqu'un qui venait d'aller prier devant le cercueil et qui signait son nom dans le livre aux franges dorées.

Nous marchâmes jusqu'au Ouique. De temps en temps, Abel sortait de sa poche un fiasque d'alcool.

– T'en veux ?

– Non, je bois plus.

Il débouchait le fiasque, avalait une gorgée qui le faisait grimacer, s'essuyait la bouche : « Une belle écœuranterie », disait-il en donnant des coups de pied aux mottes de neige sur le trottoir. Nous étions seuls maintenant, isolés en nous-mêmes, à la merci des souvenirs qui nous donnaient de Mam tant d'images différentes, tant de gestes et de mouvements se figeant dans nos mémoires, tant de sourires, de cris, de rires, tant de baisers, que nous allions finir par comprendre que Mam n'avait existé que dans notre tête, que toute sa vie elle avait été un fantôme de tendresse mis sur notre route pour nous empêcher d'être fous. Nous luttions contre le vide. Dans la tombe, ce n'était pas la face de Mam que nous avions vue. C'était le visage de quelqu'un que nous ne connaissions pas vraiment, le visage d'une vieille amie peut-être, de la sœur de Pa, mais ce n'était pas dans ce ventre caché sous le couvercle du cercueil que nous avions commencé de vivre et de souffrir. Ce n'était pas d'entre les cuisses de cette femme que nous étions sortis, sanglants et furieux, les orifices bouchés encore, et le long cordon tressé et soudé au nombril.

Ce n'était pas à ces seins que nous avions tété, nos petites bouches tout à coup remplies de chaleur. Et rien de ce que nous avions vu n'avait été vu. Tout avait été imaginé, personne n'avait été porté dans la poche maternelle, il y avait longtemps que la mort s'était défaite dans le corps de Mam, il y avait long-temps que nous n'existions que dans l'illusion et refusions de nous voir autres que ce que nous étions, c'est-à-dire des formes évanescentes, sans durée ni lieu, affolées de n'être que dans le regard, insensibles et inatteignables comme des rayons de lumière. Tout était mort dans la première mort. Et nous, nous n'as-sistions qu'à des simulacres. Et c'était cela qui était invivable dans le grand salon dont les murs étaient pleins de fleurs :

– Jos, je suis contente de mourir. J'aurais voulu que tu restes à la maison, je t'aurais fait ton petit déjeuner et cousu les boutons de ton pantalon et repassé tes chemises et surveillé les enfants pour qu'ils ne touchent pas à tes livres et à ton linge. T'as toujours été si triste, pauvre Jos. Mais Pa.

Un printemps, le cimetière des Trois-Pistoles avait été inondé, et j'avais été avec grand-père creu-ser des rigoles le long des allées. Les tombes qui venaient d'être enterrées flottaient dans l'eau et grand-père s'amusait à donner des coups de pied sur les cercueils pour les voir s'enfoncer en bouillonnant. Il y avait même une tombe dont le couvercle s'était brisé, et grand-père avait dit : « Approche pas, petit. Ça va te faire peur. » J'avais regardé quand même et vu une face à moitié décomposée, pleine de boue, dont le nez était tout mangé. Dents immenses et ver-tes de la mort.

Arrivés au Ouique, nous avions fait demi-tour et étions retournés au salon funéraire. Je n'avais pas envie de revoir Marie. C'était plein de monde maintenant. Une épaisse fumée que le purificateur d'air n'arrivait plus à chasser. Des sanglots étouffés dans les prières. Près de la porte, deux filles riaient, indifférentes au symbole du satin blanc sous la tête de Mam. Leurs belles dents blanches et leurs yeux brillants, leurs cuisses rondes et leurs hanches déjà maternelles – mais bientôt les bébés morts dans leurs ventres. « Toutes mes condoléances, Jos. » Poignées de main, baisers de femmes à verrues ou à moustache. Du noir. Des crêpes. Des parfums forts. La canne de Colette, comme une queue difforme appuyée sur le prie-Dieu.

Je bousculai les gens debout devant la porte et je descendis dans l'espèce de salon aménagé au sous-sol. D'un côté, il y avait les gens qui étaient venus pour la mort de Mam et de l'autre des inconnus qui avaient prié sans doute devant une autre tombe. « Un accident bête. Happé par un train sur la traque. Défiguré. Ils n'ont pas voulu qu'on voie sa face. Le couvercle de la tombe fermé. Trente-cinq ans seulement. »

J'allai m'asseoir à côté de l'oncle Phil Deux qui jouait avec le cendrier devant lui. Le plancher était couvert de mégots de cigarettes. L'oncle Phil Deux écrasait les cendres avec le pied, figé dans un sourire qui était une grimace sur ses lèvres. Plus d'événements possibles désormais. Plus rien à venir. Tout cela avait eu lieu, il y avait des milliers d'années, dans des souffrances horribles et des visions sanglantes qui avaient épuisé et tué le temps. Nous étions devenus des spectateurs immobiles et desséchés, et nos pauvres pieds étaient enfoncés dans la boue de la fosse commune. À la vérité, il n'y avait jamais eu de morts et de cris douloureux, ni de lambeaux de chair déchiquetée, ni de rats creusant sous les tombes, trouant les caisses pourrissantes et s'immisçant dans les couloirs nauséabonds des cadavres. Non, tout cela n'était que tromperie. Tout cela masquait la réalité nue des immortelles présences, des rires et des colères des corps jeunes, des seins perçant les corsages, des seins généreux et gonflés du lait nourricier, des seins de Mam lourds dans les mains de Pa les caressant fébrilement. Et nus ils étaient tous les deux. Faire l'amour le soir sur la grève avait dû les exciter. Peut-être était-ce le vent dans les arbres, les crissements des roues du train sur les rails, les jappements du vieux chien aux yeux chassieux attaché sous le perron, les lumières des chalets et la possibilité que quelqu'un, se promenant le long du fleuve, découvrît qu'ils étaient nus. Il n'y avait jamais eu que du soleil et que de l'ardeur. Douce beauté des choses – Mam et Pa.

Un croque-mort aux joues creuses descendit l'escalier, suivi d'un petit homme chauve et bossu. Le croque-mort ouvrit une porte et tous purent voir l'entrepôt de cercueils, petit cimetière froid duquel se dégageait une écœurante odeur de pharmacie. Nous savions que dans l'autre pièce des embaumeurs ouvraient un cadavre énorme, le poudraient, regardaient son sexe dur et minuscule en plaisantant, lui mettaient une fausse chemise, une cravate noire et un veston, et le déposaient ainsi dans la tombe, lourdement. Ridicules épaves marbrées. Corps répétitifs.

Les chaises aux pattes métalliques raclaient le terrazzo. Le petit salon était plein à craquer. De vieilles femmes laides et noires, des hommes qui devaient être à moitié ivres car ils plaisantaient avec grossièreté, découvrant leurs dents jaunes. Leurs yeux se plissaient en des pattes d'oies ravagées qui donnaient à leur face une allure presque irréelle dans la fumée sortant de leur nez et d'entre leurs lèvres.

Abel vint me présenter des amis qui étaient venus lui dire leurs condoléances. Les filles étaient belles et solides, on les devinait fermes, amoureuses. Leur dos nu et brun. Naissance des seins. Bêtes voraces et souriantes qui racontaient l'histoire de ce film qu'elles venaient de voir. Scènes de lit, poursuite de vieilles voitures dans une carrière, coups de feu, mutilation des héros découpés au sabre, crânes éclatés, battes de baseball maculés de cervelle et de sang :

– Mais c'était pas vrai, tout ça. C'était joué. Personne n'est mort finalement.

Elle avait dit ça d'une voix fragile, j'avais l'impression qu'en soufflant dessus elle se serait émiettée, que cette jolie fille aurait crié de douleur et serait tombée sur le terrazzo, détachée d'elle en mille pièces puantes. Abel les écoutait en se rongeant les ongles. C'était la première fois que je le voyais faire ça, et je pensai que nous étions tous des étrangers désormais, que nous ne serions plus jamais ensemble et heureux. Nous étions prisonniers de ce que nous étions devenus et qui ne concernait personne. Nous avions perdu jusqu'à l'envie de nous parler. Un jour, le romancier Abel parlerait sans doute de tout ça, de ces filles splendides et animales, des oncles aux yeux de chien triste, des femmes velues, des feux de cigarettes mal éteintes dans les cendriers, des murmurantes prières dites devant le cercueil, de Mam mortelle qui ne sentirait plus jamais que les produits d'embaumement, que les poisons retardant l'inexorable putréfaction. Il y avait beaucoup de tombes et de croque-morts dans ce que disaient les amis d'Abel. Tant de morts étaient morts avant Mam! Tant de morts avaient été assassinés, inventés et imaginés qu'il leur était difficile de croire à la mort de Mam. Elle n'allait jamais mourir. Leur sexe était comme une bouche profonde, ouverte, accueillante et désirée.

L'oncle Phil Deux s'absentait de plus en plus souvent. Il se levait en s'appuyant au cendrier, marchait en titubant vers la toilette. Quand il en ressortait, il était tout rouge. Vieil ivrogne. Les deux fiasques d'alcool faisaient un faux ventre sous sa ceinture :

— Jos, sais-tu ça qu'elle était folle ? Trois semaines avant de partir, elle a demandé à sa sœur de lui faire sa robe pour quand elle serait morte. Lorsque j'arrivais le soir…

Il s'était tu. Face noire de suie, mains de nègre. Trop de cheminées ramonées avec un câble au bout duquel avait été attachée la tête d'une épinette. Trop de bières bues dans le petit camion malpropre. Je dis :

— Continuez.

— Lorsque j'arrivais le soir, elle m'attendait, couchée dans le fauteuil qu'elle avait tiré devant la fenêtre. J'ai jamais compris pourquoi elle faisait ça. Devant, c'était la boutique de forge de Pa. Elle aimait pas les chevaux, ni les crottes que les chevaux faisaient sous le gros érable, et pourtant elle était toujours là, le nez collé à la vitre. Excuse-moi, Jos.

Il se levait encore, les jambes plus fragiles que jamais. Quand il y avait quelqu'un dans la toilette des hommes, il disparaissait dans celle des femmes : « C'est pas pour pisser ! » criait-il. Puis il sortait en se lichant les lèvres et revenait s'asseoir à côté de moi. Cet autre Malcomm défait sous terre. Cet autre Malcomm à jamais inexisté.

— Phil, qu'elle disait, si tu continues je vas partir. Je savais pas ce qu'elle voulait dire, moi, baptême ! Je pensais qu'elle voulait aller chez ses tantes à Saint-Jean-de-Dieu, et je me disais : c'est OK, je la prendrai là quand nous irons jouer pour la fanfare dimanche. Mais elle parlait de mourir. Est-ce que Eaton a un catalogue pour les cercueils ? qu'elle me demandait. Puis un soir, je l'ai trouvée, sans sa connaissance dans la cuisine. J'avais jamais vu de grosses cuisses comme les siennes paraître si petites. J'ai essayé de la réveiller. Je l'ai toute salie avec mes mains. Sa face était pleine de suie. Excuse-moi, Jos.

Encore une fois, il a tenté de se lever, mais il n'avait plus de force et il m'est tombé dans les bras, léger et maigre. Ses gros os saillants. Sa puanteur. Ses cheveux lissés sur son crâne. Son dos. Il était incapable de prendre appui sur la chaise : « J'ai mal aux reins. Que le diable les emporte ! » Il sortit de sous sa ceinture un fiasque à moitié plein et, d'un trait, le vida presque complètement. Tous les yeux étaient tournés vers lui : « Un gars a bien le droit de boire, non ? » Il remit le fiasque sous sa ceinture.

— Qu'est-ce que je disais, Jos ? De quoi que je parlais ?

Il pleurait. Des larmes grosses comme des têtes d'épingle roulaient de ses yeux. Mort mais refusé par la terre. Vieil homme seul et fou.

– A savait qu'elle allait mourir. Ça, elle le savait. Trois semaines avant son apoplexie, elle a fait venir sa sœur, elle lui a demandé sa robe pour quand elle serait morte puis, une fois qu'elle l'a eue, elle l'a fait suspendre au plafond de sa chambre, et elle passait tout son temps à la regarder. Moi je couchais sur le vieux divan du salon. A voulait plus me voir, Jos. Est morte comme ça, dans son lit, les yeux sur sa robe –, baptême ! J'étais pas là, moi. Je jouais dans la fanfare, accroché à mon gros trombone. Jos, j'étais si écœuré que ce soir-là je me suis soûlé comme jamais encore ça m'était arrivé. La veille, ils nous avaient enlevé notre petit gars adopté. Ils l'ont placé je sais pas où. Maintenant, c'est comme si je l'avais jamais gardé à la maison. Il s'appelait Bob. Veux-tu une gorgée d'alcool, Jos ?

Il sortit le fiasque de sous sa ceinture, me le tendit. Je refusai. Alors il mit le goulot dans sa bouche et avala tout ce qui restait dans le fiasque : « C'est donc méchant, hein ? » Et il me demanda d'aller jeter le flacon dans la bouche de l'incinérateur. Bruits de verre éclaté. Chute des débris le long des parois de la cheminée de béton.

Je laissai donc l'oncle Phil Deux qui dormait maintenant sur sa chaise, le cou renversé. Je montai au grand salon. Il devait être près de dix heures. Le croque-mort se tenait devant la porte, ganté de noir, saluant les gens qui étaient venus prier pour Mam. Il ne resta bientôt plus que les membres de la famille dans la pièce dont le plancher était jonché de mégots de cigarettes écrasés. Toute la soirée, Pa était resté agenouillé devant la tombe, indifférent à ce qui se passait derrière lui. Quand des amis étaient venus le saluer, il n'avait pas bougé, il n'avait pas vu les mains qu'on lui tendait et rien entendu de ce qu'on lui disait. Ses yeux fixés sur la face de Mam dont la peau avait terni sous le maquillage. Il avait murmuré pendant toute la soirée, sa grosse main allongée sur celle de Mam. Pa avait enlevé ses bagues et la montre-bracelet. La chair plus blanche des doigts et du poignet paraissait coupée au couteau. Rite confus de mutilation. Le croque-mort avait tiré la porte-accordéon, était venu nous dire qu'il lui fallait fermer maintenant. J'allai vers Pa, lui mis la main sur l'épaule :

— Faut s'en aller, Pa.

Il me regarda. Le vide dans ses yeux verts.

— Non, Jos. Je reste. Elle est à veille de partir et je la verrai plus jamais. Non, Jos.

Le croque-mort demanda aux filles de sortir. Nous n'étions plus que trois dans le grand salon : Pa, Abel et moi. Nous ne savions pas quoi faire ni quoi dire, nous n'osions pas amener Pa de force et le croque-mort était là, derrière nous, pressé, faisant les cent pas : « Voyons, Pa. Voyons. » Le croque-mort s'avança. De la sueur perlait sur son front, et ses cheveux rebelles, collés à la brillantine, avaient commencé à se redresser, de sorte qu'on eût dit qu'il avait, près des oreilles, des antennes minuscules et grises. Il dit :

— Je regrette, monsieur Beauchemin. Mais il est temps.

En profitant de ce que Pa avait retiré ses mains pour se moucher, il abaissa le couvercle du cercueil.

Mam avait tout à fait disparu dans la caisse. Un cadavre sans identification dont le reste de sang dans les veines avait fait des caillots noirs. Poissons morts dans l'aquarium. Ça flottait à la surface de l'eau et ça s'écaillait. Peau grise et presque translucide. La pompe détraquée, le petit moteur bruyant mais déréglé. Et l'eau verdâtre, puante, pleine de détritus. Et la petite caisse brisée et le charbon noir et gluant au fond de l'eau. Montrant le cercueil, Pa dit :

– Qu'est-ce que vous allez lui faire maintenant ?

– La mettre au froid pour la nuit, dit le croque-mort. Et demain, lui refaire une beauté.

J'eus la vision d'un gros frigidaire au fond de la cave, quelques tiroirs remplis, des mains sanglantes dans un sac, une tête aux yeux ouverts qui roule dans le tiroir quand l'embaumeur l'ouvre brusquement. Cette fausse chirurgie : rouleau de fil blanc, aiguilles, gouttes de sang épais sur la table. Morte nue au front rasé. Où se trouve donc l'os iliaque ? Et les fesses rondes et dures faisant des bruits secs lorsque l'embaumeur, lassé, les frappe du plat de la main.

Le croque-mort aida Pa à mettre son paletot et nous reconduisit jusqu'à la porte en fer forgé. Dehors, il neigeait. Le froid nous cingla le visage et, instinctivement, nous relevâmes le col de nos paletots. Un autobus stoppa dans la neige. Hurlements de freins.

– Pourquoi est-ce que vous avez pas mis votre chapeau, Pa ?

Mais il n'entendait pas, marchant devant nous, homme usé et sans femme désormais. Les lèvres serrées, il dit : « Quarante ans. » Et il cracha dans la neige avant de monter l'escalier. Jamais plus il ne verrait les grosses jambes de Mam, ses genoux, ses varices comme des taches bleues sur la chair. Jamais plus il n'aurait le geste rapide de cette caresse obscène du bout des doigts dans l'entrejambe. Pa dit : « Pays maudit. » Odeur forte sur les ongles. Et trop de pardessus en haut de l'escalier. Et les ahanements de Pa essuyant ses lunettes pleines de buée. L'œil rouge de la cafetière électrique s'était éteint. Gisabella sortait de l'armoire des tasses et versait le café :

— Toujours quatre cuillerées de sucre, Pa ?

— Donne-moi un gin.

Le gros fiasque maintenant vide jeté dans la poubelle. Et la banale chanson d'amour à la radio. Je bus mon café puis me levai. Bâillements répétitifs. La grande bouche ouverte aux dents cariées de Jocelyne s'ouvrit démesurément. Je dis :

— Bon, je pense que je vas aller dormir astheure.

— Voyons, Jos : reste à coucher.

Pa allongea le bras dans un geste absurde. Et je marchai dans le corridor, avec devant moi la vision du lit défait de Mam. Le store levé laissait filtrer une lumière jaune qui était celle du spot attaché comme un champignon en haut du poteau électrique.

Mam.

Morte à l'aube, dans des douleurs infinies.

XII

Et pourrais-je (même pour mon propre
compte) distinguer entre accessoire et
essentiel ?

MICHEL LEIRIS, *Fibrilles*

Le lendemain, Steven arriva de Paris. Il ne nous avait pas prévenus, de sorte qu'aucun de nous ne songea à aller le chercher à l'aéroport. C'est Gisabella qui, la première, l'a aperçu alors qu'elle regardait dans la fenêtre. Steven descendait d'une grosse voiture noire de Murray Hill, une mallette à la main. C'était un grand garçon maigre que nous ne reconnûmes pas. Il s'était laissé pousser la barbe qui lui mangeait les joues et lui donnait l'allure d'un crucifié. Mais ses beaux yeux bleus étaient morts maintenant, et jaunes. Il avait d'abord donné la main à Abel, puis avait embrassé Pa sur la joue. Il y avait une tristesse profonde dans ce geste qui troubla tellement Pa qu'il ne sut pas quoi dire et resta immobile devant la porte, sa main dans celle de Steven.

Nous partîmes tout de suite après pour le salon funèbre. Abel se dirigea avec Steven vers la tombe de Mam. Ils restèrent longtemps à la regarder. Le chapelet en cristal de roche dans les mains croisées. Mais Mam était mal maquillée et le croque-mort fit sortir tout le monde, tirant sur lui la porte-accordéon : « Ça va prendre deux minutes. » Nous entendîmes des éclats de voix, il y eut des craquements d'allumettes, les premières bouffées de fumée, et c'est ainsi que nous sûmes que la journée serait longue.

Quand le croque-mort rouvrit la porte, Steven et Abel allèrent s'asseoir dans un fauteuil, et ils se mirent à parler tout bas. Dans nos bouches, Mam ne

finirait donc jamais de mourir complètement ? Pourquoi Malcomm n'était-il plus avec moi et pourquoi
ne me tapait-il plus sur l'épaule en faisant ses plaisan-
teries dont j'étais le seul à rire ? Calembours et jeux
de mots oubliés maintenant, souvenirs brisés dont les
fêtes n'avaient peut-être jamais eu lieu. Ces restes de
mémoire comme des morceaux de viande pris sous
les dentiers. Et devant moi, toujours le profil fardé de
Mam, ce qui commençait déjà à disparaître d'elle,
cette mutation de son corps, et les fleurs, et les pétales tombant déjà sur le tapis brûlé par les cigarettes.
Je croyais que tout le reste de ma vie allait se passer
devant le cercueil brun de Mam.

Dans l'avant-midi, un messager bègue apporta
une petite caisse dans laquelle il y avait deux cents
cartons-souvenirs que Pa, après avoir distribué un
exemplaire à chacun de nous, déposa sur le lutrin, à
côté du grand livre à franges dorées. *À la mémoire de
Mathilde Beauchemin, épouse de Charles Beauchemin,
décédée le 18 décembre 1969 à l'âge de cinquante-
cinq ans. R.I.P.* – Cette photo de Mam sur l'un des
côtés du carton, Mam trop jeune, trop belle et trop
souriante dans une robe à pois dont les manches
montraient les bras blancs et forts. Et joues rondes.
Et mèches de cheveux sur le front large. Visage
inconnu d'une femme qui n'avait sans doute pas
existé. Sur l'autre côté du carton, une grande croix
grise au-dessus de cette prière : « Adieu, cher époux,
chers enfants, parents et amis bien-aimés, je vous fais
mes adieux : je vous attends et je vous aime au Ciel.
Tournez vos regards vers le Ciel, pensez qu'un jour
viendra où vous mourrez vous aussi et viendrez me
rejoindre : je serai à votre rencontre, suppliant Dieu à

mon tour de vous ouvrir le Céleste Paradis. Je vous en supplie, ne m'oubliez pas, restez unis entre vous, demeurez inébranlables dans la foi, bientôt nous nous réunirons dans l'éternité. Une communion, une prière, s.v.p. »

Je mis le carton dans ma poche et allai m'asseoir sur le divan en face de Steven et d'Abel. Je restai là sans bouger et sans penser. Ah! si tout pouvait se terminer un jour! Elle disait : «Un soir, vous allez arriver, et vous serez tous morts. Vos cercueils auront des roues et traverseront tout le Petit-Canada. Les tuyaux d'échappement de vos tombes motorisées jetteront des gaz délétères, mais vous serez tous morts, sans yeux et sans bouche, couchés dans le satin. » Elle disait : «Jos, tu vois-tu ça une longue filée de cercueils traversant tout Trois-Pistoles, des cercueils montés sur des roues scintillantes, et toutes les maisons du Petit-Canada recouvertes de crêpe noir, habitées par des squelettes se berçant éternellement dans des chaises à moitié défaites ? » Elle disait : «La longue filée de tombes embouteillant le pont de Tobune, les tuyaux d'échappement crachant le feu et la rivière Trois-Pistoles sous le pont, lâche et calme, avec les poissons pourris dévorés par les mouches. » Elle disait : «Jos, peut-être qu'on s'amuserait davantage si on était morts, peut-être qu'on aurait alors plus d'imagination. » Pauvre Annabelle dévorée par la fièvre, et morte elle aussi, et morte comme Belhumeur, et morte comme Malcomm, et morte comme Mam. Elle disait : «Toutes les secondes, il y a un cercueil de plus partant du Petit-Canada pour le Grand Morial. » Elle disait : «Laisse-toi faire, Jos. Laisse-toi donc mourir. Il faut que le grand convoi s'étire, il faut beaucoup de volontaires, Jos. Meurs donc, grande tapette ! » Et pourtant, Annabelle avait bloqué le pont de Tobune, elle s'était mise à frapper à grands coups de poing sur le couvercle du cercueil, l'avait défoncé, avait sorti sa tête et ses poings ensanglantés, elle s'était mise à hurler, elle avait fui la tombe, ridicule et nue et noire et puante. Elle disait: « C'est pas dur de mourir, Jos. Tu te laisses tomber en bas du pont de Tobune et le fleuve te tire. » Le tourbillon et la grande caisse dans l'eau bruyante. Les oiseaux nécrophiles battant de leurs ailes les vagues écumantes. Ah ! menteuse Annabelle ! Penses-tu que j'avais déjà oublié tes poignets tranchés dans les toilettes du Honey Dew, tes poignets comme des pattes d'éléphant chez Bob, et tes supplications pour que Malcomm reste avec toi, s'enferme avec ton corps dans la tombe roulant sur ses roues, vers le pont de Tobune, au bas de la côte, face au fleuve déchaîné ?

Je regardais le profil de Mam. Elle me disait, les mains croisées sur son chapelet en cristal de roche :

– Jos, savais-tu ça que Pa a jamais mis les pieds dans le Saint-Laurent ? Pourtant, il était là le fleuve, tout près de la maison. On avait qu'à sortir, il y avait les grands érables, la clôture du cimetière à sauter, la traque des gros chars, et c'était tout de suite la grève. Pauvre Pa ! Il avait vraiment peur. « On se neye dans l'eau », qu'il disait. Aussi restait-il sur les rochers, tout blanc dans son short kaki, la main sur ses yeux pour nous regarder couler dans le fleuve.

Le Morial Mort Supermarket avait envoyé un bouquet d'œillets que Jack était venu porter. Il n'avait pas regardé Mam ni la tombe. Ses petits yeux aveugles s'étaient fixés sur moi et ne m'avaient pas quitté tout le temps qu'il était resté dans le salon tout à coup animé. Beaucoup de vieilles femmes étaient venues prier devant le cercueil. Elles avaient connu Mam au comptoir de la Saint-Vincent-de-Paul. Mam s'y rendait tous les mercredis pour y trier le linge qu'y envoyaient d'autres pauvres gens. J'avais parfois été l'y voir entre deux livraisons. On descendait dans une cave crasseuse et sombre remplie de vieux vêtements délavés qui puaient la boule à mites. Mam était assise au fond, sur un banc, elle travaillait consciencieusement, examinait le linge ; ce qui était inutilisable, elle le jetait dans de grands sacs qu'un vieil homme sale attachait et faisait tomber dans un trou. On entendait le crépitement des flammes et une chaleur bienfaisante inondait la cave. Puis Mam suspendait à des cintres les habits démodés, les robes qui avaient sous les manches des cernes jaunes. Le reste du linge était déposé dans des comptoirs où venaient fouiller d'autres vieilles femmes parfois accompagnées d'enfants turbulents qui jetaient par terre les poupées défigurées, sans cheveux ou aveugles, qui étaient entassées sur une table près de la porte. Alors Mam se levait et les ramassait. Il n'y avait pas d'expression sur son visage mais à quoi pensait-elle, qui devait lui rappeler un souvenir douloureux, quand elle se penchait sur la petite chose inerte et détraquée qui pleurait si on la tournait sur le dos ? À des bébés sanguinolents peut-être, qui étaient sortis d'entre ses cuisses humides, et chaudes et écartelées. Au médecin dont les mains gantées s'étaient parfois introduites en elle pour faciliter la descente du bébé venant difficilement, dans de grandes contractions du ventre et le déchirement des muscles et le sang jaillissant de sa langue qu'elle mordait à cause de la souffrance. À Pa immobile devant la fenêtre et nous regardant, nous qui étions terrorisés par les cris et croyions que les Sauvages... Mais Jack dit :

– Jos, tout ce que je regrette c'est que ça soit pas ma femme là, couchée dans les fleurs, crime !

Et il était parti, ses lunettes sur son nez, ses lunettes épaisses qui lui donnaient le regard perdu d'un crapotte.

À midi, le prêtre vint. Il voulait que nous allions tous à la confesse avant que le convoi funèbre ne s'ébranlât pour Saint-Jean-de-Dieu. C'était un petit homme au ventre énorme sous la soutane qui brillait à force d'usure. On ne comprenait pas ce qu'il disait et peut-être ne disait-il rien et ne faisait-il que postillonner, son gros nez rouge comme un phare dans sa face pâle et dégoulinante de sueur. Odieux mouchoir rouge avec lequel il s'épongeait, l'étole autour du cou, et écoutant Pa, le doigt sur l'oreille. Vieil oiseau de mort, indifférent. Malcomm disait :

– L'embêtant, c'est que t'as pas besoin de vivre, vieux Jos. Il suffit d'avoir un peu d'imagination. N'importe qui peut faire ça. Le monde, c'est une tête. Tu l'enlèves et il reste plus rien. Le pied, c'est aussi dans la tête parce que sans elle il n'y en a plus. Une fois que tu sais ça, il te reste plus qu'à faire mourir la tête. Quand elle arrive à tourner sur elle-même comme une toupie, avec les œils se multipliant à cause de la vitesse, tu viens de la faire mourir. Elle n'existe plus. Lorsque je serai plus là et qu'on retrouvera ma tête quelque part dans une bouche d'égout qui, de toute façon, est dans ma tête, comme toi vieux Jos, comme tout le monde connu, comme tout l'univers infini – lorsqu'on retrouvera ma tête déformée et sèche, c'est la tête de tout le monde qu'on verra, vieux Jos. Moi, j'existe pas. J'étais et je suis toujours raide mort. J'ai mis quarante ans à comprendre cette petite chose toute simple, et maintenant, il n'y a plus rien devant moi, qu'un vieux miroir à faire éclater à coups de marteau.

Malcomm me disait ça dans la rue Craig, assis sur une grosse valise de matelot invendable, les jambes battant contre les jeans que j'avais étalés sur le trottoir. Je le faisais alors entrer dans la panshop, et nous buvions de la bière. Pour nous amuser, nous fixions l'ampoule électrique au plafond. Après un moment, nos yeux se mettaient à pleurer et il nous semblait que toute la panshop était pleine de lumière quand nous fermions puis rouvrions les yeux. La fin de tout, ne serait-ce pas de vivre dans le souvenir ? Ne serait-ce pas d'ouvrir le ventre des morts pour s'y glisser et y sucer son pouce dans l'adoration et la sécurité ? « Je suis laitte, Jos, pourquoi est-ce que tu dis toujours le contraire ? »

Je sommeillais lorsque Marie est arrivée, toute noire dans une robe qui lui donnait tout à coup beaucoup de dignité. Elle ne s'était pas maquillée, elle était très pâle et agitée, serrant dans ses mains ses gants et son sac minuscule. Elle avait d'abord embrassé Steven, puis Abel, et elle était venue vers moi. Son faible sourire. Ses yeux comme vrillés dans le passé. Il avait fallu cette scène horrible entre elle et moi, et les mots orduriers, la colère et le coup de poing qui lui avait fracassé le nez dans un giclement de sang. Marie se roulait par terre, les deux mains recouvrant son visage, ses seins paraissant brusquement énormes dans leur nudité. Et moi immobile dans la porte, incapable d'aller vers elle, abruti par cette semaine d'amour et de mots inépuisés. « Jos ! Jos ! » criait-elle, épouvantée à cause de tout ce sang qui coulait de son nez. Je la regardais s'agiter, à demi-folle, hurlant de plus en plus fort, et je ne bougeais toujours pas, le poing fermé encore. Craquement de l'os. Vision du nez s'aplatissant. Elle avait refusé de porter plainte. Elle avait dit : « C'est un accident », et la police m'avait relâché. Gros nez de Marie sous les bandages. Œil noir. Le long lit blanc de l'hôpital et les fleurs rouges dans le vase plein. Les orteils de Marie sortant de la couverture.

– Je t'en veux pas, Jos.

Elle avait voulu dire : « Je te pardonne, Jos. » Deux longues semaines. Rien que du vide. Rien que des lettres se détachant d'elles-mêmes, sortant de moi et éclatant comme des bombes puantes dans le salon. Pourquoi le Bouddha conservait-il son étrange sourire dans tant d'horreurs ?

Marie n'avait rien dit, se contentant de me serrer la main. Son nez était à peu près guéri maintenant, à peine une cicatrice sous l'aile. Elle regardait Mam qu'elle n'avait pas connue, Mam changée, Mam s'enlaidissant dans son immobilité, Mam aux mains bleues malgré l'épaisse couche de fard. Marie dit :

– J'ai fait réparer le cadran. Je tiens à ce cadran, Jos.

J'avais frappé Marie, et avant de tomber, elle avait jeté le gros Westclock sur le plancher. Le mécanisme avait dû se détraquer. Mais je ne comprenais pas pourquoi elle me disait ça maintenant que tout était fini entre nous, irrémédiablement fini. Mais même les ongles de Marie étaient propres aujourd'hui, et laqués.

Je n'arrivais plus à croire que j'avais passé une semaine entière couché auprès de cette femme délirante et chaude, que j'avais été moi-même délirant et chaud, et que maintenant plus rien n'existait que sa présence et la mienne, que son long corps noir qui me paraissait tout à coup inoffensif, et non seulement inoffensif mais vulnérable. Je n'aurais eu qu'à lui donner un autre coup de poing sur le nez pour que Marie se mît à tourner devant moi, sa robe relevée sur sa tête, et m'offrant le spectacle du trou, qui entre ses jambes, s'ouvrait et se refermait comme une porte.

Elle avait repris ma main, autant parce qu'elle était mal à l'aise que parce qu'elle voulait me dire le chagrin qu'elle éprouvait à travers moi pour la mort de Mam. Mais son geste me semblait suspect, ma main devint poisseuse et, au lieu de retirer ses doigts, Marie me serra davantage. Devant nous, le cercueil commença à s'ouvrir, le couvercle eut un bruit sourd, un bruit de feuilles sèches qui brûlent, et Mam se redressa, comme tirée de son immobilité. La tombe bascula quand Mam sortit ses pieds et donna un grand coup de rein pour s'extraire de la caisse dont le fond, maculé de sang, était comme une tache brunâtre sur la neige. Mam s'avança. Elle avait fait deux pas peut-être quand je me sentis happé par une gueule et une langue gluante, et je vins près de tomber sur le tapis, au pied de Marie séchant sur place, Marie lépreuse, Marie décomposée déjà et honteuse sous le voile noir derrière lequel sa face était une plaie purulente. Malcomm disait :

– Jos, on est poignés parce qu'on a trop d'images. On sait plus quoi faire avec. Je voudrais avoir la tête vide, ouvrir les yeux sur rien, penser seulement qu'à la blancheur, m'échapper de tout ce qui reste. Plus d'excès, Jos. Que la sécheresse me révélant à ma mortalité.

Malcomm disait ça sans parler, il ouvrait la bouche et rien ne sortait que sa langue petite et rose. Mais je savais que c'était ce qu'il voulait crier, qu'il n'avait rien d'autre à me dire, que cette phrase se tenant cachée au fond de lui et qui allait finir faute d'être hurlée, par l'épouvanter et le rendre totalement inhabitable. Il était ainsi le jour de sa mort, sa tête me paraissait tout à coup réduite et chauve, avec le long nez comme un bec d'aigle et les mains immobiles de chaque côté de la chaise pliante. Marie dit :

— Le Westclock était brisé, Jos. Quand je le crinquais, il passait son temps à sonner.

Elle était venue s'asseoir à côté de moi, dans le salon où l'oncle Phil Deux dormait, la tête renversée sur le dossier de la chaise, la bouche ouverte sur ses dents noires. Marie dit :

— Jos, c'est comme si rien ne s'était passé. J'arrive pas à me le rappeler. Je pense que j'ai eu juste peur, Jos.

Elle n'avait pas dit : « Je pense que j'ai eu juste peur, Jos », mais quelque chose qu'on entendait, qui n'avait jamais été avoué, et qui tombait comme une pierre dans le puits de la mémoire. Je tressaillis. Je n'avais plus le temps de penser à Marie, et elle m'y forçait. Je me levai et marchai entre les chaises. Je vis que l'oncle Phil Deux ne dormait pas mais qu'il me surveillait du coin de l'œil. Sa bouche brisée avait quelque chose de dégoûtant. Je dis :

— Tout entre nous a été dit. N'ajoutons rien de plus, Marie.

Elle était assise, très droite sur sa chaise. Ses bas noirs cachaient les varices de ses jambes :

– Je te demande rien, Jos. Faut que tu comprennes ça. Je suis venue ici parce que ta mère est morte.

Je m'arrêtai de marcher et pris un siège à côté d'elle. L'oncle Phil Deux avait refermé son œil rouge.

Presque tout l'après-midi passa ainsi. Quand nous étions las d'être assis en silence l'un à côté de l'autre, nous nous levions et montions au salon. Je serrais des mains, embrassais des visages, donnais des cartons-souvenirs, racontais à ceux qui me le demandaient la mort de Mam. Marie me suivait sans relâche, silencieuse et noire. Je savais déjà qu'elle m'accompagnerait à Saint-Jean-de-Dieu, qu'elle tenterait contre moi une offensive dont je ne devinerais jamais le but réel. Elle me détestait maintenant, mais elle savait si bien maquiller son mépris que j'aurais pu le prendre pour de la tendresse. Et peut-être était-ce finalement de la tendresse qu'elle éprouvait pour moi. Alors elle l'ignorait et se croyait haineuse. Je crus qu'elle me tendait sans arrêt des pièges. C'était absurde – le lointain rêve de la nuit, l'œil gigantesque dans les ténèbres, l'œil aux mains et aux pieds multiples, et l'autre œil de cet œil, et l'œil de cet œil encore. Innombrables yeux dans l'œil unique fixé dans le trou de l'ampoule électrique.

Je sursautai. Marie m'avait donné un coup de coude dans les côtes :

– Dors pas, Jos. Voyons.

Je la regardai en ouvrant les yeux. Je frissonnai. Je ne savais pas pourquoi j'étais brusquement submergé par une vague d'effroi. J'eus des étourdissements, dus aller aux toilettes où je vomis. Marie se tenait derrière moi, immobile et noire :

– Est-ce que je peux t'aider, Jos ?

Je ne reconnaissais plus tout à fait sa voix qui me semblait étrangement rauque – une voix d'homme.

Pour moi, ce fut donc une véritable libération lorsqu'on annonça le départ. Le couvercle de la tombe dans laquelle reposait Mam fut fermé. Deux hommes saisirent le cercueil par ses extrémités, l'enlevèrent du reposoir et traversèrent ainsi le salon sous le regard de ceux qui n'étaient pas sortis encore. Je sus alors que Mam était vraiment morte, et cela me répugna tellement que mon cœur – je saisis le bras de Marie et le serrai dans ma main. Un flot de larmes inonda ma face. Marie dit :

– Viens, Jos.

Nous suivîmes le cercueil derrière Pa, Abel et Steven. Il faisait froid dehors et la neige s'était remise à tomber, marbrant la tombe. La portière du noir corbillard s'ouvrit et les deux hommes firent glisser le cercueil. Puis la portière claqua. Le long crucifix de bronze cloué sur le couvercle de la caisse. Marie dit encore :

– Viens, Jos.

Elle m'avait entraîné vers sa voiture, toute enneigée déjà. Le moteur gronda. Les essuie-glaces raclèrent la surface de la vitre, les phares éclairèrent le corbillard qui passa devant nous. Pa marchait derrière. Rideaux de velours rouge dans les vitres. Marie tourna le bouton de la radio.

– Est-ce que ça va, Jos ?

Je ne répondis pas.

– Jos, on va avoir beaucoup de temps pour se parler sur la route.

Le convoi s'étirait comme une tire le long du boulevard Pie-IX. La neige, en tombant sur l'asphalte, fondait tout de suite, mangée par l'épaisse couche de calcium qu'on y avait étendu. Marie dit:

– Qu'est-ce que c'est Saint-Jean-de-Dieu, Jos?

Je murmurai quelques paroles en regardant les maisons aux façades monotones et sales. Se pouvait-il que nous ayons déjà vécu cette mort et cette longue marche de nuit vers le cimetière de Saint-Jean-de-Dieu? Je dis:

– Nous y arriverons jamais.

– Quoi? demanda Marie qui n'avait pas compris, occupée qu'elle était par les essuie-glaces bruyants. Je tournai le bouton de la radio. L'air de guitare devint assourdissant. Mam, je voudrais me défaire, briser les liens sacrés de mon corps, rompre mes os et me désarticuler afin qu'il ne reste plus que des molécules de moi abandonnées sur le siège. Ces molécules tuées de l'avenir infaisable. Nous étions tous morts déjà puisqu'un jour nous allions mourir. Mam, pouviez-vous nous apprendre une autre vérité? Sinon, pourquoi fallait-il vous emmener si loin de nous-mêmes, si loin de notre mort, si loin du lieu de notre mort?

Nous nous engouffrâmes dans le pont-tunnel Louis-Hippolyte-Lafontaine. Nous roulions dans un lombric immense et éclairé qui allait nous vomir sur la Transcanadienne, de l'autre côté du fleuve. J'appuyai ma tête contre le dossier du siège, fermai les yeux. Je tombai dans un semblant de sommeil où tout paraissait déformé, intouchable et impensable. La voix de Marie me parvenait comme à travers un filtre. J'avais froid. «Voyons, Jos. T'es plus un bébé.

Cesse donc de te lamenter. Fais le grand garçon. Souris-nous avant qu'on parte, Jos. Tu voudrais pas qu'on dise à tout le monde que t'es un bébé, hein ? Et puis Mam va t'envoyer toutes sortes de bonnes choses. Aie confiance, Jos. Ça va passer. Bientôt, tu voudras plus revenir à la maison. » Pa avait déposé les valises près de mon lit, dans le dortoir du séminaire et Mam, une main sur mon épaule, m'embrassait dans les cheveux. « Sois bon, hein Jos ? » Et ils étaient partis, me laissant seul dans le corridor, m'abandonnant loin des Trois-Pistoles, m'abandonnant pour toujours.

Marie dit :

– Parle-moi donc, Jos. Ça va passer plus vite.

Je ne trouvais rien à lui dire. Mes mots comme des bulles d'air dans la gorge. Le corbillard roulait toujours devant nous, mais de plus en plus lentement maintenant qu'on avait quitté la Transcanadienne pour cette route balayée par un grand vent. La visibilité était si mauvaise que Marie me demanda de conduire. Mais je refusai. Les feux rouges arrière du corbillard apparaissaient puis disparaissaient, parfois si près de nous que Marie poussait des oh ! plaintifs :

– On devrait tous s'arrêter quelque part, dormir un peu et attendre la fin de la tempête. Sais-tu que ça devient comme dangereux, Jos ?

Elle conduisait d'une main et, de l'autre, elle tenait un verre de gin qu'elle buvait à petites gorgées en grimaçant : « Prends donc un verre, Jos. Ça va te faire du bien. » J'ouvrais les yeux puis les refermais, mes paupières étaient lourdes. Je sommeillais parfois pendant quelques minutes mais le bruit du moteur me réveillait. Je ballottais entre le rêve et les paroles de Marie qui étaient comme des chuchotements désarticulés. Ça puait le gin. Mes yeux. Et les viscères éclatées.

Puis Marie poussa un cri qui m'arracha presque de mon siège. J'eus devant les yeux la vision d'une forme noire sortie de nulle part qui heurtait le corbillard. Un monstre marin aux dents larges dévorant les flancs de Moby Dick. Marie stoppa. Nous courûmes dans la neige. Le corbillard avait roulé jusqu'en bas d'une petite colline et s'était arrêté dans un banc – forme noire comme une tortue tournée sur le dos de l'autre côté de la route. Les mille pattes tournant dans le vide. Les yeux jaunes éclairant les arbres crochus. J'entraînai Marie jusqu'à la voiture. Un homme, le corps à demi passé dans la vitre de la portière, tentait de sortir. Trop de sang dans la neige !

– Aidez-moi, bon yieu ! Aidez-moi donc !

Nous arrivâmes à le tirer de la voiture. Il dit :

– J'ai rien vu, bon yieu. Je vous jure que j'ai rien vu, moi.

Les sapins bougeaient. Et loin devant l'œil, la masse noire et froide – combien de cimetières enneigés avant Saint-Jean-de-Dieu ?

Tout le convoi s'était maintenant immobilisé. On voyait les lumières des phares loin derrière nous quand le vent cessait brusquement de souffler. Le moteur du corbillard tournait toujours quand nous parvînmes au bas de la pente. Mais lorsque le chauffeur, après l'avoir arrêté, voulut le faire redémarrer, il n'y eut plus rien.

– Est-ce qu'on peut au moins faire sortir le cercueil ?

La portière arrière s'était coincée. La tombe, poussée sur le côté droit, était enfoncée dans la tôle. Presque brisée en deux, dit Pa qui se cacha la tête dans ses mains : « Pas possible, c'est pas possible. » Il y avait maintenant beaucoup de monde autour du corbillard. Le bois éclaté de la caisse. Les poignées de cuivre arrachées. Mam brisée. Le chauffeur dit :

— Ça sert à rien de rester ici. Faut aller au village. On est à un mille à peu près de La Pocatière.

Pa ne voulait pas laisser le cercueil. À demi-fou, il faisait le tour du corbillard en geignant. Nous dûmes nous mettre à trois pour le faire monter dans une voiture. Il menaçait de nous tuer. Puis le convoi repartit, sans le corbillard qu'éclairaient les phares des automobiles. Mam si seule dans la grande caisse. Elle disait :

— Jos, j'aime donc pas ça, les tempêtes. S'il fallait que le feu prenne dans la maison, qu'est-ce qu'on deviendrait tous nous autres ?

Elle était assise dans la chaise qui faisait face à la fenêtre aux vitres gercées par la glace et récitait son chapelet, les yeux clos. Je m'étais allongé par terre, la tête dans les mains – les grands gémissements de la maison emportée pour toujours dans le froid de la tempête. Le garagiste dit :

— Dans une heure, plus personne pourra passer.

C'était un vieil homme chauve qui, à tout moment, baissait la vitre de la portière pour cracher avec puissance. Ne voir que des faces réelles. Quand on lui avait parlé du cercueil coincé dans le corbillard, le garagiste avait fait comme s'il n'avait pas compris, il avait dit : « Ouais. » Il n'avait pas voulu apporter son chalumeau : « Je vous crois pas, OK ? »

Une fois rendu près du noir corbillard, le vieux garagiste en fit le tour, regarda à l'intérieur : « Il y a une tombe là-dedans, ça fait pas de doute. » Il cracha dans la neige à plusieurs reprises, toussa, descendit son casque sur les yeux, fit reculer la remorqueuse dont le treuil fut abaissé et accroché sous l'essieu du corbillard, puis il dit : « C'est pas un char ordinaire, ça. » Le treuil s'agita, faisant grincer la poulie rouillée. Le corbillard grimpa lentement la remorqueuse qui s'enfonça dans la nuit. Je serais poursuivi longtemps par l'image de deux voitures qui ressemblaient à de monstrueux animaux s'accouplant. Personne ne parlait. Nous avions l'impression d'être mutilés, nous venions d'être atteints, et plus atteints que Mam bientôt livrée tout entière au froid de sa mort – le ventre du corbillard comme une maladie honteuse. Abel somnolait. Sa tête retombait parfois sur mon épaule, retombait encore. « Aïe ! Christ ! » dit Abel en sursautant. Il frotta son visage avec ses mains pour se réveiller, bâilla plusieurs fois. Il se faisait violence car il ne voulait pas dormir. Nous étions si las que même notre imagination s'était détraquée : nous n'avions plus devant nous que la vision de la tombe écrasée dans le corbillard. C'était désormais la seule image qui nous était possible, et elle revenait dans notre tête, elle résistait à notre volonté l'y chassant, elle s'incrustait comme si toute notre vie allait maintenant se passer dans l'espace rétréci du champ enneigé, comme si dans la voiture noire, pareille à un coffre perdu, était enfermé le secret de nos vies et de nos morts. Mam abandonnée au sein des monstres copulant dans la neige froide. Pardonne-nous, Mam. Le vieux garagiste dit :

– Comme ça, dans le Grand Morial, c'est pas aussi beau qu'on le dit ?

Personne ne lui répondit. Déçu, le vieil homme baissa la vitre, se passa la tête dehors, se racla la gorge et lança dans la nuit un formidable jet de salive brunâtre. Le froid nous réveilla. Abel essuya de la main la bave qui coulait de son menton :

– Ça suit-tu toujours ce qu'on traîne ?

Je jetai un coup d'œil dans la vitre grillagée derrière moi. Le nez du corbillard et le bout de la tombe derrière. « OK », dis-je. Le chauffeur pesa lourdement sur l'accélérateur. La remorqueuse vibra. Les roues devaient glisser car nous n'avancions plus depuis un bon moment. « Il manquait plus que ça », dit le vieux garagiste. Il pesa sur le frein, mit le camion en marche arrière. Les roues tournaient dans le vide. Les vers étaient morts de froid et Mam, dans la caisse éventrée, rêvait du soleil courant sur sa peau, entrant dans sa gorge. Elle disait : « Pa, sais-tu que j'aime ça qu'on soit nus ? » Le vieux garagiste appuya à fond sur l'accélérateur. Le gros moteur beugla et nous reprîmes la route. Le village était tout proche maintenant, à quelques centaines de pieds devant nous. Le garagiste ouvrit une dernière fois la vitre de sa portière et cracha. Puis il appliqua le frein. Il descendit de la remorqueuse, nous le vîmes qui cherchait dans un trousseau de clés celle qui lui permettrait d'ouvrir la porte de son garage qui avait dû, autrefois, servir d'étable ou de poulailler si l'on en jugeait par le nombre incroyable de petites fenêtres à carreaux.

Lorsque la porte fut ouverte, le garagiste revint, mit son véhicule en marche. Il l'arrêta au bout du

garage quand le pare-chocs s'appuya contre une rangée de vieux pneus. Il dit : « Reste plus qu'à faire sortir
ce damné cercueil. » Nous descendîmes. Les portières
claquèrent. Le treuil était détendu. La limousine avait
tout à coup quelque chose de maléfique – affreuse et
grande voiture toute tordue. Le vieux garagiste s'alluma une cigarette puis, avec un balai, il enleva la
neige sur le capot du corbillard : « Ça va fondre dans
un rien de temps. » Il jeta son mégot de cigarette sur le
plancher de béton, l'éteignit en l'écrasant sous son
pied, fit le tour du corbillard, sonda les portières. Il
dit : « On a pas le choix : va falloir jouer du chalumeau. » Il s'en alla dans une petite pièce attenante au
garage, on entendit d'affreux bruits de ferraille et
l'homme revint casqué d'un masque à visière. Il mit le
feu à son chalumeau et, à genoux, s'attaqua à la portière. Odeurs de peinture. La tôle craquait, devenait
rouge et se déchirait brusquement.

Nous regardions tous la flamme bleue du chalumeau, immobiles à quelques pieds du vieux garagiste
méthodique. Nous ne pensions qu'au moment où il
faudrait toucher le cercueil, le faire glisser en bas du
corbillard. Peut-être la caisse serait-elle très endom-
magée et verrions-nous la face de Mam immobile ou
l'une de ses mains sortant du cercueil. Abel s'était
appuyé sur la porte du garage. Ses yeux étaient fixés
sur la mèche. La peinture en brûlant dégageait une
fumée noire.

Quand la portière fut coupée, le vieil homme
éteignit son chalumeau, enleva son masque et dit :
« Vous pouvez essayer maintenant. » Il ne voulait pas
toucher au cercueil, il refusait même de le regarder
maintenant que la portière était ouverte et qu'on

voyait les planches brisées et des morceaux de satin dans les joints relâchés.

C'est Abel qui le premier mit une main sur le cercueil. Il essaya de le faire bouger. Le garagiste dit : « Faudra aussi couper dans le côté : c'est le poteau qui le coince. » Il remit son masque, alluma de nouveau le chalumeau et recommença son travail, dans le flanc gauche du corbillard qui était affreusement bosselé. Cela prit plus de temps que pour la portière arrière. Le vieux garagiste travaillait avec soin, il avait peur de toucher la caisse avec son chalumeau. Il ne gardait jamais longtemps son feu au même endroit, le faisant courir sur la tôle qui revenait gruger l'orifice irrégulier. Quand la tôle se fendillait, il retirait rapidement son chalumeau qu'il dirigeait quelque part ailleurs. Il vint ainsi lentement à bout du poteau qui tomba avec bruit sur le plancher, découvrant une bonne partie de la tombe qu'il avait littéralement écrasée, brisant l'une des poignées de cuivre dont un morceau avait percé le cercueil. Ce trou dans le bois de la caisse fit en moi une impression étrange, comme si l'intégrité de mon corps avait été brusquement violée. Il me semblait que j'avais comme le cercueil de Mam un trou qui me transperçait de part en part. Je frissonnai. Il avait déposé son masque et son chalumeau sur une petite table branlante, et nous regardait sans parler. Il avait hâte que tout cela soit fini. Dehors, il commençait à faire jour.

— Faudrait que quelqu'un se décide, dit le vieux garagiste en allumant une cigarette. Il regardait dans l'une des fenêtres et s'épongeait le front. Il n'arrêtait pas de cracher sur un vieux morceau d'essieu tout rouillé. Abel dit : « Bon », et se dirigea vers le corbillard. Il posa ses mains sur le cercueil, refit le même mouvement que la première fois. La caisse bougea. Le garagiste dit sans même se retourner : « Je savais que tout était OK. » Pa balbutia que c'était pas la peine de sortir le cercueil tout de suite. Il dit : « Attendons l'autre corbillard. La tombe est aussi bien là que sur ce maudit plancher. »

Le garagiste s'offrit pour venir nous reconduire au motel. Une femme à moitié endormie, habillée d'un pyjama d'homme, vint nous ouvrir. « J'ai du café chaud si vous voulez. » En se traînant les pieds sur le prélart, elle disparut derrière une porte. Le vieux garagiste s'était assis lourdement. Il se frottait les yeux avec ses poings. Abel l'imita, et j'imitai Abel. La femme revint avec des tasses et une pinte de lait qu'elle déposa sur la table autour de laquelle nous étions maintenant tous assis. Le bruit des pantoufles – nous étions tous trop tendus, trop fatigués. Le vieux garagiste, maintenant que nous étions loin du cercueil, nous regardait avec attention. Il était tout à fait calme et crinquait sa grosse montre qu'il avait sortie de l'une de ses poches. « C'est cinq heures trois ou quatre », dit-il. Il n'ajouta rien d'autre. Les gros doigts bruns et enflés aux jointures jouaient avec les plis de la nappe à carreaux qui était mal ajustée à la table. « J'ai des toasts aussi », dit la femme en nous servant le café.

Elle laissa la cafetière sur la table et disparut pour la troisième fois derrière la porte. Elle chantonnait un refrain sentimental dont les paroles, prononcées du bout des lèvres, nous étaient inintelligibles. Le vieux garagiste nous fit avec sa grosse main un signe bizarre (il avait tourné son doigt contre sa tempe et faisait avec son bras un curieux mouvement de rotation) ; nous comprîmes que la femme était idiote. On entendait ses pas dans la cuisine. Puis il y eut une porte d'armoire fermée avec fracas et, tout de suite après, un grognement, celui d'un homme qui se réveillait brusquement. Je levai la tête. Un crâne chauve apparut dans la porte :

– Il y a des gens qui sont sur les chemins de bonne heure en pas pour rire.

L'homme s'avança vers nous. Il était immense. Ses grands pieds nus avaient quelque chose de bestial. Les bretelles du pantalon, larges et jaunes, avaient deux plaques de laiton sur lesquelles était écrit le mot *Police*. Cela me rappela que Pa en portait aussi autrefois et que, montés sur ses genoux, nous tirions dessus de toutes nos forces. Lorsque nous laissions échapper les bretelles, elles claquaient comme des fouets en touchant la peau de Pa qui, trouvant la chose drôle, riait puissamment en faisant sauter ses épaules.

Le gros homme vint s'asseoir à notre table, hurla à sa femme qu'il voulait lui aussi des toasts et du café. Puis il se caressa le crâne. « Comme ça, votre corbillard a eu un accident ? » Il se licha les lèvres avec sa langue, bâilla. Toutes ses dents étaient pourries. « Et vous attendez quoi, là ? » Sa femme était venue lui verser du café et lui avait apporté une montagne de toasts. Elle mit aussi sur la table un bocal de beurre d'arachides et un couteau : « T'es jamais content quand je le fais moi-même. » L'homme ne dit rien, dévissa le couvercle du bocal, y plongea son couteau. Il étendit une épaisse couche de beurre d'arachides sur ses toasts : « Vous attendez quoi donc, calvaire ? » C'est le vieux garagiste qui répon-

dit : « Le nouveau corbillard. » Et l'homme rétorqua :
« C'est pas près d'arriver avec la tempête. »

Pa ronflait, le cou brisé sur le dossier de la chaise.
Son dentier tombait parfois dans sa bouche. Avec la langue, Pa le replaçait sans s'éveiller – montagne de caisses
en satin rouge dans le parking de Saint-Jean-de-Dieu.

Ce fut le vent froid sur mes jambes qui me fit
ouvrir les yeux. Marie dit : « Le corbillard vient d'arriver. » Nous nous levâmes et regardâmes dans la
fenêtre. Une grosse voiture noire stoppa devant le
motel. Un homme ouvrit la portière et courut à notre
rencontre. Il dit : « Où est-ce qu'il est, votre mort ? Ça
serait-il quelqu'un parmi vous ? » Il toussa, se mit à
rire doucement. Petit homme sec sans visage. Odieux
croque-mort. Sa casquette, trop grande, glissait de sa
tête et lui tombait sur les yeux. Il passait son temps à
la relever, dans un geste maladroit et violent. Il dit :
« OK, je vous suis. » Je montai avec lui dans le corbillard. Nous nous mîmes à rouler lentement derrière
la remorqueuse dont le gros moteur crachait l'huile
crue. « Vous êtes d'où ? » Je ne répondis pas. Il dit :
« Bon, bon » et demeura silencieux jusqu'au garage.
Là, il retrouva ses moyens et redevint volubile en
examinant le corbillard et le cercueil. Il dit : « Va falloir ficeler la tombe. Il y a pas d'autre solution. La
boîte est à moitié défaite. Mais aidez-moi donc. »

Lentement le cercueil fut tiré vers la portière
arrière. Le vieux garagiste avait apporté quelques
bûches de bois et nous le déposâmes dessus. Le
croque-mort dit : « De la corde. En avez-vous, tor-
visse ? » Le vieux garagiste alla fouiller dans la petite
pièce attenante au garage. Il en revint avec un rouleau
de corde qu'il lança au croque-mort.

Le croque-mort se dépêchait. Dans sa hâte, il écrasait les pétales de fleurs qui étaient tombés du corbillard.

Mais trop de fatigue accumulée. Nous étions devenus presque insensibles et indifférents, comme si Mam avait tout à coup disparu de la tombe. « Ah ! pourvu que ça finisse ! » avait dit Abel. Car du train où allaient les choses, Mam allait être bientôt complètement vidée de sa substance, tout deviendrait facile, prévisible et inutile : bientôt, nous accepterions sa mort, nous deviendrions si lâches vis-à-vis d'elle et si incapables de désespoir !

Le croque-mort avec reculé le corbillard dans la porte du garage et ouvert la portière. Nous hissâmes le cercueil qui glissa jusqu'au fond.

– Y a pas trente-six solutions : ou vous mettez le mort dans une autre caisse, ou vous rafistolez cette tombe-là et alors vous êtes obligés de la recouvrir.

Pa ne trouva rien à répondre. « Faites pour le mieux. » Il tenait dans une main un grand crucifix qui, dans l'accident, s'était décroché du couvercle du cercueil. Christ aux bras cassés. « OK, on peut repartir. » Le croque-mort monta dans le corbillard, alluma les phares de la limousine. Cinquante longs milles à parcourir encore. Pauvre Mam.

XIII

Ainsi te voici donc dans ton pays natal.
JACQUES FERRON, *Le Mythe d'Antée*

Il y eut aussi :

1. La messe, le cercueil au bout de l'allée, les six cierges allumés, les statues et les vitraux recouverts de crêpe violet, la voix sourde de grand-père chantant le libera, immobile près de l'orgue, au premier jubé. Il était venu à notre rencontre, nous avait rejoints aux Trois Pistoles, avait suivi le convoi jusqu'à Saint-Jean-de-Dieu où Mam devait être exposée pendant quelques heures. Grand-père avait tenu à lui acheter lui-même une couronne de fleurs qu'il avait sortie du coffre de l'automobile et qu'il déposa au pied du cercueil. Puis il s'était agenouillé sur le prie-Dieu qu'il n'avait pas quitté tout le temps que le couvercle de la tombe n'avait pas été définitivement fermé. Mam était méconnaissable, trop fardée et trop parfumée. Ses mains étaient toutes bleues, et il y avait sur son front de grandes plaques galeuses. Grand-père priait et pleurait. Ses petits yeux pleins de larmes. Ses petits yeux usés que cachaient les sourcils broussailleux. Bientôt il serait mort lui aussi. Bientôt nous serions tous morts et il n'y aurait plus de témoins et plus de mémoire et plus de souvenirs de la vie ni de l'instant ni du passé : tout cela serait fini et parce que tout cela serait fini, rien n'aurait jamais eu lieu que le rêve muet et noir, que le rêve des formes possibles de l'éternité. Pourquoi cette impuissance des mots si facilement vaincus par la mort ? J'étais là, derrière grand-père, et je pensais que j'étais mort

aussi, que le corps de Mam et que mon corps pourrissaient l'un à côté de l'autre, pourrissaient dans
l'ignorance de ce qui leur arrivait, et cela me rendit
fier tout à coup, cela me délivra de quelque chose
qui, tout au long du voyage, m'avait brisé. Plus rien
n'allait compter maintenant, que la cérémonie à
l'église. Que la longue cérémonie. Grand-père allait
s'étouffer dans ses larmes et tous les gens agenouillés
derrière le cercueil allaient se retourner, allaient voir
le vieil homme plié en deux qui toussait, qui toussait.
Ah ! Mam ! Pardonnez-moi.

2. La vieille affiche à l'entrée du village, presque
illisible à cause de la peinture s'écaillant : « Bienvenue
à Saint-Jean-de-Dieu ; 2 400 âmes » – et, tout de suite
après, la côte difficile, le presbytère, l'église. Il y avait
des années de ça maintenant ! Le gros vicaire était
toujours là, énorme devant le prie-Dieu qui lui servait de pupitre. La petite chapelle était remplie à craquer, il y avait des élèves qui étaient venus de tous les
rangs et, parce que mes cheveux ne tenaient pas bien
lissés sur ma tête, Mam me les attachait avec de
minuscules pinces, exactement comme si j'avais été
une fille. Tant d'humiliation déjà ! Aux récréations, le
gros vicaire nous prêtait son arc, installait une cible
dans la porte du hangar derrière l'église, et je gagnais
à tout coup. La dernière semaine, nous délaissâmes la
cible et visâmes le coq doré en haut du clocher. Lan-
cée avec force, la flèche montait en sifflant et en
jetant ses feux à cause du soleil, puis elle nous échap-
pait avant d'atteindre le coq. Et il y avait le bruit fragile de la douille argentée frappant l'asphalte de l'autre côté de l'église. Quand le gros vicaire se rendit
compte de ce que nous faisions, il nous enleva la

cible, l'arc et les flèches qu'il remit dans le coffre de sa voiture. Nous n'avions plus rien d'autre à faire que de nous promener dans la cour du presbytère et de l'église. Derrière les cordées de bois, c'était le cimetière, ses grands arbres, les vieilles femmes en noir arrachant les mauvaises herbes sur les tombes, ou plantant des fleurs, ou priant à genoux, les mains jointes sur le chapelet – senteurs de fumier épandu à l'autre bout du cimetière par le bedeau qui y faisait un petit jardin que les enfants du village pillaient (les grosses citrouilles jaunes éclatant sur les trottoirs de bois). Et Mam bientôt dans la terre de Saint-Jean-de-Dieu.

3. Le petit pont démoli. Le petit pont couvert qui effrayait les chevaux l'hiver car les traîneaux en y passant faisaient du feu. Le petit pont était démoli et la rivière rapetissée, droite maintenant que les bull-dozers en avaient changé le cours, et les grands trembles coupés le long de notre terre, et la maison enlevée, déménagée au village, et l'étable détruite par le feu, et le verger enterré sous la nouvelle route. Pourquoi étions-nous venus détruire nos souvenirs ? L'automobile montée sur des chenilles filait sur la neige, en direction du coteau des Épinettes où les flancs nus de la montagne étaient comme des gerçures dans la glace. Mais les épinettes aussi avaient été abattues. Que des souches maintenant. Que des branches noires qui se cassaient quand nous marchions dessus. Si petit paraissait le monde de l'enfance. Si petit et si démuni. « On aurait pas dû venir par ici », dit Steven dont les yeux n'avaient pas quitté la vitre du véhicule qui fonçait dans les bois. Nous étions nus tous les trois, dans la mousse et les aiguilles des épinettes et

les fruits et les feuilles. Nous jouions à la vache et au taureau. Nous nous grimpions à tour de rôle, imitant les mouvements du gros bœuf monté sur la femelle qu'à coups de hart nous avions menée dans l'enclos. Quand le membre était entre nos cuisses, nous serrions les fesses, et il y avait cet apprentissage du rythme et le liquide blanc tombant, dans un jet violent sur la mousse. À cause des chenilles tapageuses, nous ne parlions pas. Nous étions trop émus aussi, comme si la fatigue du voyage, la nuit sans sommeil, le corbillard noir et la tombe brisée dans l'accident, et la face de Mam défaite, et les yeux mouillés de grand-père – comme si tout cela nous assommait, détraquant les images que nous avions conservées de notre enfance. (Que faire désormais de ce ciel rose et de cette tornade qui avait jeté à terre les hangars et la soue ? Que faire de ces dindes juchées dans les grands trembles sans feuilles de l'automne ? Que faire de la Boisbouscache, de la marmotte emprisonnée dans la cage, et que nous laissions mourir de faim ? Que faire des chatons noyés dans la rivière, noyés dans le sac rempli de cailloux, les chatons pitoyables à cause des anneaux passés dans leur cou ? Que faire de la jambe malade de Mam allongée dans la chaise devant la maison où achevait de fleurir le lilas taillé comme une couronne ? Que faire de tout ce passé qui ne nous appartenait plus et qui, peut-être, n'avait jamais eu lieu ?) Steven avait mis ses lunettes noires. Le chauffeur du véhicule à chenilles sifflait entre ses dents. Je lui dis en criant presque : « Vous pouvez retourner maintenant. »

4. Les chants de Noël entendus quand, après être descendus de l'automobile à chenilles, nous avions

traversé le village. Et les sapins déjà illuminés, les anges blancs dessinés dans les fenêtres, les crèches dans les parterres. Qu'y avait-il de faux dans ce que nous étions en train de vivre ? Que bouleversions-nous dans l'ordre du monde ? Nos pieds enfonçaient dans la neige. J'avais les oreilles gelées. Je les recouvrais de mes mains, et c'étaient mes mains qui devenaient rouges et me faisaient mal. Abel dit : « Qu'est-ce que t'attends, Jos ? » J'étais peut-être tout petit encore, à peine né, sans cheveux et sans dents, et perdu dans le grand Saint-Jean-de-Dieu dont je ne connaîtrais jamais les bornes car j'allais mourir avant, après m'être tant de fois rapetissé que je serais comme une fourmi, minuscule et presque aveugle, terrorisé par les bêtes sauvages et les grands pieds nus de l'homme marchant dans les herbes. L'immense village aux maisons pointues. Les rues de Saint-Jean-de-Dieu pleines de chevaux et des chants de Noël. (Et bientôt le corbillard glissant dans la neige vers l'église.)

5. Tant de rappels s'épuisant à cause de leur nombre, se neutralisant, se faisant échec. Batailles de signes et de mystères. Aiguilles me piquant la peau. Tout cela m'abrutissait, ouvrait en moi des abîmes, me creusait. J'avais mal partout. Mes muscles comme des vis sans fin dans mon corps. Seul, je m'étais assis sur un siège à pivot à l'Hôtel Lévis. Je regardais le patron qui avait les yeux fixés sur la télévision. Des hommes déguisés en clowns amusaient des enfants ricaneurs. J'avalai mon cognac. Mes mains tremblantes s'accrochaient au bar. L'envie de tomber. L'envie de me laisser choir sur le parquet. Mourir pour Mam. « Tu aurais dû me le dire que tu

venais ici. Je me serais invitée, Jos. » La face huileuse
de Marie s'asseyant à côté de moi. Je ne voulais pas
la voir. Fuir son parfum, m'éloigner, l'imaginer
ailleurs pour ne pas lui faire ce que je savais que je lui
ferais si elle restait encore longtemps à côté de moi.
Elle avait commandé un gin. Elle vida un peu de
Tonic dans son verre, alluma une cigarette (pourquoi
cette profanation dans ses ongles trop laqués ?). Je
dis : « Marie, tu ferais mieux de partir. » Elle m'avait
peut-être pas entendu, elle était si sourde et si sotte
quand elle buvait du gin. « Quoi, Jos ? » Lèvres trop
rouges et trop pulpeuses. La cigarette tachée dans le
cendrier. « Marie, tu ferais mieux de partir. » Elle me
regarda dans le grand miroir qui nous faisait face.
Elle ne m'entendait pas. Quand elle posa sa main sur
mon poignet, tout mon dîner me monta dans la
gorge, je faillis m'étrangler et me mis à tousser. Mes
yeux se brouillèrent. Je me sentais envahi par une
répulsion étrange, comme si tout mon corps avait été
touché par des milliers de pattes de crapottes humides : « Ne me touche pas, Marie. Ne me touche plus
jamais. » Ses yeux étaient énormes. Que comprenait-
elle à tout ça ? Elle dit : « Mais il faut que je reste avec
toi, Jos. » Je pleurais, la face sur le comptoir, et quelque chose sortait de moi, quelque autre signe inatteignable. « Jos », dit Marie. J'ouvris les yeux. Elle était
toujours là, une mèche de cheveux dans l'œil, difforme tout à coup, ses grosses fesses débordant du
siège où elle s'était assise de nouveau. Je dis : « Va-t'en,
Christ ! Va-t'en donc ! » Le patron tournait le bouton
du téléviseur. Il dit : « La semaine avant Noël, il y a
rien de bien bon. » Je lançai mon verre dans le miroir.
Ce qui restait de cognac coula, d'abord lentement,

puis de plus en plus vite. « Mais », dit le patron.
Quand il vit que le miroir n'était pas brisé, il haussa
les épaules, prit un linge, essuya la raie liquide, jeta les
débris du verre dans une poubelle : « C'est vingt-cinq
cents pour le verre. » Je payai, me levai. Toute cette
amertume sourdant de partout, d'entre les fentes des
murs pour me tuer. Marie, oh ! Marie, pourquoi
m'as-tu suivi ? Ne savais-tu pas Marie, oh ! Marie,
vers quoi nous allions ?

6. La tombe fermée définitivement après que
grand-père eut, du bord des lèvres, embrassé la joue
de Mam. Il s'était essuyé la bouche avec son mouchoir, les os de sa jambe avaient craqué quand il
s'était levé en s'agrippant de sa main au prie-Dieu. Il
avait pris sa canne, avait serré son chapelet dans le
petit étui de cuir, avait traversé le salon sans regarder
personne. Puis il avait attendu devant la porte.
Attendu qu'on sorte le cercueil.

7. Saint-Jean-de-Dieu dans le soir tombant. Les
vieilles maisons de bois, les cheminées vomissant des
jets de fumée blanche, la neige cachant les fenêtres,
les arbres immobiles. Et les cloches de la mort, lentes
et dures, qui déchiraient l'air. Steven avait baissé la
vitre de la portière. L'oncle Phil Deux dit : « Quand je
pense que ça sera Noël dans cinq jours. »

8. La froideur de Mam dans la tombe. Quand
perdrait-elle sa première dent et quand ses yeux
seraient-ils des globes de pus coulant de la tête ?
Cette mèche de cheveux de Mam que Colette avait
coupée et mise dans une enveloppe blanche. Le bruit
des ciseaux, le crâne rasé, petit et laid sur l'oreiller de
satin, le scalp de Mam dans la main de Colette qui se
mordait les lèvres pour ne pas pleurer, pour ne pas

avoir honte, pour ne pas avoir peur de cette face
brisée, cette face si laide – il y aurait le printemps
peut-être, et le corps de Mam enflerait, prendrait
tout l'espace du cercueil, éclaterait dans la puanteur,
inondant la terre de pus jaune et nauséabond. Tout
serait horrible et mystérieux.

9. La vision du grand coteau où nous labourions,
Pa et moi. Vue d'aussi loin, la maison paraissait
minuscule. Elle était un œuf blanc dans le soleil et la
paix du printemps. Pa avait arrêté le tracteur, s'épongeait le front. Il regarda au loin le clocher de l'église,
qui, comme un phallus doré, s'élevait au-dessus des
arbres. Le chien zigzaguait autour de nous, la gueule
ouverte, sa langue sortie. Il ventait parfois, mais le
vent doux ne faisait que toucher les petites feuilles
des arbres qui bruissaient. Le ruisseau, gonflé par la
crue, avait débordé et inondé le clos des moutons.
« Viens, avait dit Pa. Faut aller dîner maintenant. »
Nous avions abandonné le tracteur et le chien qui
s'était couché sur le siège, et nous avions descendu le
grand coteau. Pa s'amusait à donner des coups de
pieds aux cailloux devant lui. Je sifflais. L'étang serait
plein de nénuphars bientôt, il y aurait des cerises sauvages, et les taons piqueraient la peau du cheval qui
se mettrait à ruer, sa queue comme un fouet sur son
dos. Je courais devant Pa, je sautais par-dessus les fla-
ques d'eau. Mam avait mis dans la fenêtre un chandail rouge, ce qui était le signe que le repas était prêt
et qu'elle nous attendait. Le chat dormait, allongé sur
le seuil de la porte de la cave. « Tiens, me dis-je,
Pichlotte est venu. » Son tracteur tournait à vide dans
la clôture devant la galerie où Mam avait sorti les
plants en couches. J'entrai dans la maison. Pichlotte

était debout au milieu de la cuisine, ivre, vêtu seulement d'un caleçon déboutonné, ce qui laissait voir son membre long et flasque qui pendait hors du vêtement. « Salut, petit. Sais-tu où c'est que ta maman se cache ? » Tout le monde savait que Pichlotte était un malade mental qui buvait trop. Sa manie était de se déshabiller et de se promener nu sur son tracteur. Quand il passait devant la maison, il se levait et pissait sur les arbustes. Il disait en ricanant : « Les fleurs sentent bon avec Pichlotte. » Faux masque de Satan privé d'intelligence, petit visage étroit dont les yeux de porc, chiasseux et sans cils, seraient bientôt aveugles. Lorsque Pa entra derrière moi et qu'il vit Pichlotte, il dit : « Ah ! ben maudit ! », m'écarta et fonça sur le malade. Pichlotte détala, sa queue battant contre sa cuisse. « Hi, hi, hi ! Attrape-moi si tu peux, bonhomme ! » Moi, je ne m'occupais plus de lui, je cherchais Mam qui s'était réfugiée dans la cave, silencieuse dans l'obscurité et les odeurs fortes des patates qui pourrissaient. « Enfin, c'est vous autres, Jos. » Je vis un rat s'enfuir à l'autre bout de la cave, sous la pile de bûches d'érable quand je fis craquer l'allumette. Je ne savais pas où était l'ampoule qu'il fallait que je visse dans le trou au plafond. « Ça vaut pas la peine, Jos. On monte. » Les marches craquèrent. « Es-tu là, Mam ? » C'était Pa qui venait nous rejoindre. « J'arrive, Pa. » Je l'avais aidée, et nous étions sortis de l'obscurité, elle toute tremblante. Jamais je n'avais vu sa face si blanche. « Il m'a fait peur. J'étais en train de laver, je m'attendais pas à le voir arriver. » Les patates avaient brûlé sur le poêle. Je regardai dans la fenêtre et vis les enfants qui, en courant, revenaient de l'école. Abel avait dû parier qu'il arriverait avant les autres car il y allait à fond de train. Mam dit : « Parle pas de ça à personne, Jos. » J'avais répondu : « Je vais être une tombe, Mam. » La soupe trop chaude dans le bol.

10. La caisse hissée sur nos épaules, légère, comme s'il n'y avait pas eu de corps à l'intérieur, ou le cadavre d'un enfant. Nous étions entrés dans l'église, la tombe ballottant parce que Charles U, beaucoup plus petit que les autres, perdait l'équilibre. Il trébucha et faillit nous faire culbuter dans le hall. Puis le cercueil fut déposé sur le reposoir, entre les six cierges allumés. J'éternuai. C'était peut-être à cause du cube d'encens qui brûlait devant la caisse recouverte d'un drap noir. J'étais de plus en plus las, m'accrochais des deux mains au banc pour ne pas tomber. J'eus plusieurs vents stomacaux assez bruyants pour qu'on tournât, de tous les côtés, la tête vers moi. Je fixais l'un des cierges, essayais de ne pas penser, répétais les paroles du prêtre qui, à tout moment, levait les bras, baisait le marbre de l'autel, faisant de disgracieuses génuflexions. La clochette du servant sonna. J'étais si loin de tout ce qui se passait ici ! Ce n'était plus la mort de Mam qui alimentait mon chagrin mais quelque chose de plus subtil qui se cachait maintenant derrière. Depuis le début de la cérémonie, j'étais en érection – longue pine de tau-reau et longue pine d'étalon aperçues dans le champ derrière la forge de grand-père. Et derrière elles, les croix blanches du cimetière, les corneilles volant au-dessus des caisses enterrées. Le taureau, tout recro-quevillé sur lui-même, avait allongé son membre qui lui arrivait presque entre les pattes de devant. Il avait donné de formidables coups de reins et, quand sa

queue avait touché la terre, il avait fait un bond : le membre était rentré dans sa gaine (couleuvre rose fuyant dans les herbes). Je m'étais mordu la langue et je saignais. Grand-père m'avait demandé de balayer le plancher du hangar attenant à la boutique de forge. J'étais au travail depuis peu de temps quand, parce qu'il faisait chaud et que la poussière me collait sur les lèvres et me faisait pleurer, j'ouvris le carreau percé à deux pieds de hauteur dans le mur. Je m'étais accroupi, respirais l'air en écrasant du pouce les four-mis qui couraient dans la porte, certaines transpor-tant péniblement des chargements énormes d'œufs, de graines, de paille ou de feuilles. Elles se suivaient l'une derrière l'autre et ne songeaient pas à rebrous-ser chemin même si je leur barrais la route. Non, elles s'entêtaient, fonçaient sur ma main, ne voyaient pas, à l'extrémité du carreau, les petits tas de fourmis mortes. Puis apparut devant le carreau quelque chose d'étrange : cela avait la forme d'un cylindre, cela était rose et noir, humide et, en allongeant la main, j'au-rais pu toucher le gros membre de l'étalon qui brou-tait l'herbe derrière le hangar. Il ne s'était d'abord pas occupé de son érection : sa pine sortie bougeait entre ses pattes. Elle n'était pas tout à fait raide. Peu à peu, elle se gorgea de sang. Alors l'étalon arrêta de manger et se concentra sur son membre. Il le rentra complètement dans le fourreau puis le sortit un peu, d'un pouce peut-être, et le retira violemment. L'éta-lon se mit à faire des vents. Son membre, comme un piston, s'allongeait puis rentrait vitement dans la gaine. Selon le mouvement, les croix du cimetière apparaissaient ou disparaissaient. J'éjaculai en me laissant tomber sur les genoux. Je pris le balai, le passai dans le carreau et, y mettant toutes mes forces, j'en donnai un bon coup sur la pine de l'étalon. Il poussa un terrible hennissement, rua et partit en trombe. Je tendis l'oreille. Dans la boutique de forge, personne ne se préoccupait de ce que je faisais. Grand-père dit, en laissant tomber son marteau sur l'enclume : « Ouais, c'est mieux qu'une truie. Comme ça, t'as pas besoin de lui tenir la queue. » Et je repris mon travail. Je m'étais agenouillé. Le prêtre, tourné vers nous, un calice dans ses mains, disait une prière. J'avais honte. Comme quand, dans le petit hangar, je mettais ma main dans la poche trouée de mon pantalon. L'un des six cierges s'était éteint en faisant un petit nuage de fumée noire. Un servant disparut aussitôt derrière l'autel, nous entendîmes le craquement d'une allumette, et le garçon traversa le chœur, ouvrit la balustrade et ralluma, avec une perche dorée, le cierge. Mes yeux pleins de larmes.

11. La crainte que quelque chose allait se passer avant la fin de la cérémonie. Mon cœur cognait dans ma poitrine. Mais quelque chose en moi m'avertissait que ce n'était pas à cause du cercueil et du corps froid de Mam. J'avais fermé les yeux. Si je les rouvrais, que se passerait-il ? Le vide. Et le prie-Dieu sur lequel j'étais agenouillé dans le vide. Le vertige. Ma mort commençant dans le bout de mes orteils. Je toussais, plié en deux, la bouche remplie de sang. Mam, sauve-moi. Jos se meurt. Tout tournait. Je trébuchai sur le tapis déroulé dans l'allée, tombai sur les genoux, me relevai et courus vers la porte. Marie m'avait suivi. Je crachai un long jet de salive rouge dans la neige. « Laisse-moi, Marie. Laisse-moi donc la paix, bon yieu ! » Sa main tendue vers moi. « Mais

t'es malade, Jos. » Je crachai une autre fois. « Laisse-moi donc la paix, bon yieu ! » Elle n'ajouta rien et tira la porte de l'église. Cela ne se produirait donc jamais ?

12. Le cercueil porté encore une fois par Abel, Steven, Ernest, Jean-Maurice et moi-même. Le curé venait d'annoncer qu'il n'était pas question d'enterrer Mam, étant donné la tempête, la neige et la terre gelée. Il dit : « J'avais averti M. Beauchemin qu'on devrait entreposer le corps de Mme Beauchemin dans le caveau aménagé spécialement à cet effet derrière l'église. Au printemps, on fera le transfert au cimetière. Vous serez prévenus. Vous pourrez donc venir une autre fois. » Le bedeau avait, tout le temps de la cérémonie, déneigé l'allée conduisant au caveau. Le bruit de la souffleuse électrique couvrant les paroles du curé. Le cercueil sur nos épaules, nous descendîmes les marches du parvis – des ampoules électriques à tous les cinquante pas. Le bout des croix dans le cimetière. La porte du caveau grinça. Il n'y avait de place que pour six cercueils. Il y en avait trois déjà et nous dûmes hisser la caisse au bout de nos bras. Le prêtre priait, ses lunettes pleines de buée. Odeurs de mort malgré le froid.

13. Puis le cauchemar dans la petite chambre surchauffée de l'Hôtel Lévis. La chaufferette fonctionnait mal, la tôle craquait. J'ouvris les yeux et vis, près de la porte, les filaments rouges. Des vers cuits qui éclateraient comme des bombes. Mon cou brisé. Et les quatre cercueils dans le caveau. Et Mam mourant de mille morts. Bruit de scies mécaniques brisant ses os. Des chiens hurlaient dans la boucherie. Les os lancés avec force sur le plancher de ciment. Les

bouteilles d'eau gazeuse renversées par les chiens. Le pétillement et les canines luisantes dans l'obscurité. Sur l'étal de la boucherie, les jambonneaux étaient pleins d'yeux. Orbites creuses de Mam, remplies de larmes. Je faisais le même rêve depuis des heures (pourriture des patates, la masse blanche et liquide et puante qui collait aux doigts). Quelqu'un frappait dans la porte de la chambre. Je me tournais et me retournais dans mon lit, je ne voulais pas répondre, j'étais englué dans mon cauchemar. Mam n'était pas morte. Tout tournait, se brisait, se gonflait de tumeurs malignes. J'étais couché dans un cancer, j'allais être dévoré par des monstres ronds, par des bouches énormes et édentées. Le cercueil pourrissait dans la terre, le bois se défaisait, les racines blanches des arbres entraient dans la caisse, pénétraient dans les yeux vides de Mam, se logeaient dans son cerveau, buvaient le jus brun de sa tête, descendaient dans le tube, dans les entrailles percées et remplies d'une eau pestilentielle. Plus de bébé dans le gros ventre, plus de Jos hurlant, la tête en bas, dans les mains du médecin, plus de vie, plus de vie ! Que le squelette de la vie recouverte de terre. Et Saint-Jean-de-Dieu déchiré par les ténèbres, le rang Rallonge écartelé par la Boisbouscache, l'incendie. « Nous serons nus et seuls, nos mains coupées seront des brosses caressant le dos des bêtes à cornes, nos dents formeront des colliers pour la joie des Sauvages, et nous serons morts, Jos, la tête tournée vers le fond de la caisse, indifférents à la moisissure, les fesses pleines de trous dans lesquels les larves se nourriront de notre mort. Jos, laisse Malcomm mourir, enferme-le dans l'appartement. Il a déjà dans sa main la lame de rasoir.

Mais lave-moi les poignets avant de partir. » Quel-qu'un frappait toujours dans la porte de la chambre, s'immisçant dans mon cauchemar. « Je veux dormir, je veux dormir, je veux dormir. » Je tombai de mon lit. Les coups n'avaient pas cessé. Je mis mon cale-çon, tirai la chaufferette et ouvris. « Jos, faut que je parte. » La face de Marie. Ses cheveux comme une boule noire sur sa tête. Les lèvres phosphorescentes. Les rides qui déformaient sa bouche. « Jos, il faut que je parte. » J'avais mis mon pied dans la porte pour l'em-pêcher d'entrer. La bête furieuse résistait. « Va-t'en ! » Puis je compris brusquement pourquoi elle était venue et ce que je devais faire. Je dis : « OK, entre donc. » La porte se referma. « Jos », dit-elle. La chaufferette me brûlait les pieds. Quand je vis son nez, ce fut plus fort que moi, mon poing se ferma, s'abattit dans sa face. Je sentis son nez qui s'aplatissait contre mes doigts –

PROLOGUE
POUR UN PROCHAIN ÉPISODE

Faut-il que je vous rappelle l'aventure d'Ésope ? Son maître Xanthipe lui dit un soir d'été ou d'hiver, car les Grecs se baignaient dans toutes les saisons : « Ésope, va au bain ; s'il y a peu de monde nous nous baignerons... » Ésope part. Chemin faisant il rencontre la patrouille d'Athènes.

« Où vas-tu ?

– Où je vais ? répond Ésope, je n'en sais rien.

– Tu n'en sais rien ? marche en prison.

– Eh bien ! reprit Ésope, ne l'avais-je pas dit que je ne savais pas où j'allais ?

Je voulais aller au bain, et voilà que je vais en prison... »

DIDEROT, *Jacques le Fataliste*

J'ai débranché les moulins à prières qui, aux quatre coins de la pièce, disaient, chacun à son tour, les phrases sacrées.

Il y avait des milliers d'années que j'étais là, devant le Bouddha de plâtre, plongé en moi-même où tout s'était desséché avec la mort de Mam. Je n'étais plus capable d'images, les mots auxquels je pensais étaient ténébreux, gros comme des anchets, mais sans vertèbres; ils grouillaient au fond de moi, aveugles et lourds, rampant dans le lit chaud de mes souvenirs qui s'étaient rétrécis d'eux-mêmes et ne formaient plus, dans ma pensée, que des narrations creuses, des procès-verbaux sans style qui commençaient tous avec la mort de Mam et s'achevaient dans le caveau de Saint-Jean-de-Dieu. Ce cancer me laissait sans révolte, écrasé, et près de ma mort.

J'avais vécu de longs jours sans manger et en ne buvant que de l'eau qui tombait du robinet. Je voulais que mon corps devienne à l'image de mes pensées, tout en os, tout affreux, avec la queue longue entre les jambes, et les poils remplis de poux. J'étais nu et laid, sans Mam, si seul dans cet appartement sale et puant. Je ne comprenais pas ce que vers quoi, pendant un moment, j'étais allé et qui m'appelait. J'avais ouvert des portes, j'y étais passé, et d'autres portes étaient apparues, puis d'autres encore qui m'interdisaient tout retour, qui me faisaient prisonnier dans le labyrinthe des possibles. Pourquoi ne pouvais-je plus pleurer ? Pourquoi cette sécheresse ? Pourquoi cette absence d'idées ?

J'en étais venu à haïr cette chambre et les moulins à prières électriques que j'avais écrasés de mes pieds nus et jetés dans la gueule de l'incinérateur. Rien n'était plus possible, ces murs et ce plafond étaient une toile d'araignée et les bêtes mêmes me fuyaient parce que je n'étais plus rien, qu'une conscience mise à vif qui prenait, tout à coup, les aspects d'un piège mythique.

Puisque je ne pouvais devenir profond, allais-je devoir, tout le temps qu'il me restait à vivre, simuler ce qui m'était impossible et, par cet artifice, me prolonger, m'étendre hors de moi, me propager, me créer en quelque sorte, m'inventer un monde d'images qui, à force d'être regardées, allaient se réaliser, s'emparer de moi, me retourner à l'envers et, me défaisant, me construire ? J'allais peut-être comprendre que tout étant perdu, rien ne l'était vraiment, qu'il m'appartenait de me modifier de telle sorte que tout puisse m'advenir, de mourir de mille morts encore, de parvenir à une telle sécheresse que je me briserais, me fendillerais de partout, éclaterais en mille morceaux de moi-même, disparaîtrais tellement que tout pourrait arriver. J'allais devenir fou, c'était ce vers quoi je devais me tourner maintenant : je devais donner à mes souvenirs, pour sortir de mon impuissance, la valeur de symboles faux, mais ils n'allaient l'être que pour moi car j'allais en convaincre les autres, et les en convaincre si bien qu'ils verraient en moi un nouveau créateur, une manière de zombie ou de Christ écartelé sur la croix du délire.

Tout était donc mort en moi, et jusqu'à la mort.

Pendant de longues heures, je fus un éclat de rire gigantesque devant le Bouddha de plâtre. Puisque je ne pouvais pas être moi, j'allais le devenir. Cette pensée me fit rouler sur le tapis souillé de sperme et, pour la première fois depuis des années, de vieilles images me revinrent : il y eut d'abord les cuisses de cette fille, qui étaient comme les bois d'une fronde ; il y eut le coq plumé, les pattes pleines de sang ; puis ce fut le wagon à bestiaux filant vers Vancouver, les bêtes aux fesses crottées et, dans un coin, debout contre un ballot de paille, Malcomm s'onanisant des deux mains. Puisqu'il n'y avait plus rien de réel, j'allais me mettre à rêver et à ne rêver que de moi. Puisqu'il n'y avait plus que de l'épuisement chez les autres, que de la faiblesse, que de la peur, que de la lâcheté, je les abolirais tous en leur inventant des substituts qui, pour leur ressembler parfaitement, ne seraient que des traquenards auxquels je les prendrais tous et les tuerais. J'allais devenir l'image de ce pays, j'allais devenir sa pensée outrageante. Je ne pourrais jamais rien imaginer de trop fou ou de trop inutile, il faudrait même que j'aille assez loin car c'était au fond du délire que ce pays se reconnaîtrait et s'assumerait.

Je me frappai la tête sur le Bouddha de plâtre et j'eus les yeux pleins d'étoiles. Tout redevenait clair et ma démarche depuis mon commencement s'illumina. La bouche ouverte, j'avalai les mouches noires qui avaient envahi la pièce. Puis je donnai un grand coup de pied au Bouddha. Son ventre s'ouvrit, les grains de sable coulèrent sur le tapis. Horrible Bouddha-sablier que je piétinai, me déchirant les pieds. J'ouvris l'armoire, pris une petite malle noire dans laquelle étaient les masques de Mam et de Marie et de Malcomm et de Belhumeur. Je les essayai devant le miroir mais vis qu'ils ne m'allaient plus. Je les jetai sur les restes du Bouddha, fis craquer une allumette; ils s'enflammèrent et brûlèrent en dégageant des odeurs de chair et de poils. En quoi allais-je me métamorphoser maintenant que mon enfance était abolie, maintenant que le présent commençait ? Je regardai dans la malle noire qui était vide. Une vague de désespoir me souleva, je vacillai, affolé parce que les murs s'étaient mis à bouger, ondulant comme des boas. Je pris la malle noire, la jetai sur le plancher, sautai dessus. Les planches craquèrent et je poussai un cri indéfinissable : la malle noire avait un double fond. Sur le satin était étalé un masque, et je compris que ce serait le dernier que j'utiliserais avant ma fin et que ce serait caché derrière ce masque que j'en ferais voir de belles aux Québécois établis tout au long de la route conduisant de Hull à Blanc-Sablon. Je mis le masque, ricanai, le dos tourné vers le nord, de sorte que je ne pouvais voir Pa qui entrait sans avoir frappé. Je tressaillis quand sa main toucha mon épaule. Je le regardai. Il dit :

— Je cherche mon fils Jos car il est venu le temps qu'on se réconcilie tous les deux.

— Jos est parti, monsieur. Il a pris le train ce matin pour Vancouver. Moi, je ne suis que le nouveau locataire. Est-ce que vous pourriez frapper la prochaine fois que vous viendrez ?

— Oui, bien sûr, monsieur.

Et la porte se referma. Et je demeurai seul. Et je fus incapable, dans un moment de doute, d'arracher mon masque qui était maintenant collé dans ma face. Et je me glissai dans mon lit où je tombai dans un profond sommeil en balbutiant mon nouveau nom écrit à l'encre indélébile sur l'étiquette que j'avais enlevée à l'endos du masque – moi désormais et pour toujours le Sorcier de Longue-Pointe.

Terrebonne,
Jour des morts 1969 - 18 juin 1970
Montréal-Nord, avril 1978 - juillet 1978

Bibliographie

Mémoires d'outre-tonneau, roman, Montréal, Estérel, 1968.

La Nuitte de Malcolmm Hudd, roman, Montréal, Éditions du Jour, 1969.

Race de monde, roman, Montréal, Éditions du Jour, 1969 ; Montréal, VLB éditeur, 1979 ; Montréal, Alain Stanké, 1986 ; Montréal, Typo, 2000.

Jos Connaissant, roman, Montréal, Éditions du Jour, 1970 ; Montréal, VLB éditeur, 1978 ; Montréal, Alain Stanké, 1986 ; Trois-Pistoles, Éditions Trois-Pistoles, 1996.

Les Grands-pères, roman, Montréal, Éditions du Jour, 1971 ; Paris, Robert Laffont, 1973 ; Montréal, VLB éditeur, 1979. Grand Prix littéraire de la Ville de Montréal. Montréal, Alain Stanké, 1986 ; Montréal, Typo, 2000.

Pour saluer Victor Hugo, essai, Montréal, Éditions du Jour, 1971.

Jack Kerouac, essai poulet, Montréal, Éditions du Jour, 1972 ; Paris, l'Herne, 1973 ; Montréal, Alain Stanké, 1987.

Un Rêve québécois, roman, Montréal, Éditions du Jour, 1972 ; Montréal, VLB éditeur, 1977.

Oh Miami Miami Miami, roman, Montréal, Éditions du Jour, 1973.

Don Quichotte de la démanche, roman, Montréal, l'Aurore, coll. « L'Amélanchier », 1974 ; Paris, Flammarion, 1978. Prix du Gouvernement général du Canada. Paris, Flammarion, 1979 ; Montréal, Alain Stanké, 1988 ; Trois-Pistoles, Éditions Trois-Pistoles, 1998.

En attendant Trudot, théâtre, Montréal, l'Aurore, 1974. *En attendant Trudot* suivi de *Y'avait beaucoup de Lacasse heureux,* Trois-Pistoles, Éditions Trois-Pistoles, 1998.

Manuel de la petite littérature du Québec, anthologie, Montréal, l'Aurore, 1974.

Blanche forcée, récit, Montréal, VLB éditeur, 1976 ; Paris, Flammarion, 1978.

Ma Corriveau suivi de *La Sorcellerie en finale sexuée*, théâtre, Montréal, VLB éditeur, 1976 ; *Ma Corriveau* suivi du *Théâtre de la folie,* Trois-Pistoles, Éditions Trois-Pistoles, 1998.

N'évoque plus que le désenchantement de ta ténèbre, mon si pauvre Abel, roman, Montréal, VLB éditeur, 1976.

Monsieur Zéro, théâtre, Montréal, VLB éditeur, 1977 ; *Monsieur Zéro* suivi de *La Route de Miami*, Trois-Pistoles, Éditions Trois-Pistoles, 1998.

Un rêve québécois, roman, Montréal, VLB éditeur, 1977.

Sagamo Job J, cantique, Montréal, VLB éditeur, 1977.

Cérémonial pour l'assassinat d'un ministre, oratorio, Montréal, VLB éditeur, 1978 ; *Cérémonial pour l'assassinat d'un ministre*, suivi de *L'écrivain et le pays univoque,* Trois-Pistoles, Éditions Trois-Pistoles, 1998.

Monsieur Melville, essai en trois tomes illustrés, t. I: *Dans les aveilles de Moby Dick* ; t. II: *Lorsque souffle Moby Dick* ; t. III: *L'Après Moby Dick ou la Souveraine Poésie*, Montréal, VLB éditeur, 1978. Prix France-Canada. Paris, Flammarion, 1980.

La Tête de Monsieur Ferron ou les Chians, épopée drolatique, Montréal, VLB éditeur, 1979; Trois-Pistoles, Éditions Trois-Pistoles, 1998.

Una, roman, Montréal, VLB éditeur, 1980.

Satan Belhumeur, roman, Montréal, VLB éditeur, 1981. Prix Molson; Trois-Pistoles, Éditions Trois-Pistoles, 1999.

Moi Pierre Leroy, prophète, martyr et un peu fêlé du chaudron, roman-plagiaire, Montréal, VLB éditeur, 1982; Trois-Pistoles, Éditions Trois-Pistoles, 1999.

Discours de Samm, roman-comédie, Montréal, VLB éditeur, 1983.

Entre la sainteté et le terrorisme, essais, Montréal, VLB éditeur, 1984.

Pour saluer Victor Hugo, Montréal, Alain Stanké, 1985.

Steven le Hérault, roman, Montréal, Alain Stanké, 1985 ; Trois-Pistoles, Éditions Trois-Pistoles, 1999.

Chroniques polissonnes d'un téléphage enragé, recueil de chroniques, Montréal, Alain Stanké, 1986.

L'Héritage, t. I: *L'Automne*, roman, Montréal, Alain Stanké, 1987; Montréal, Alain Stanké, 1991.

Votre fille Peuplesse par inadvertance, théâtre, Montréal, VLB éditeur et Stanké, 1990.

Docteur Ferron, essai, Montréal, Alain Stanké, 1991.

L'Héritage, t. II : *L'Hiver* et *Le Printemps*, roman, Montréal, Alain Stanké, 1991.

La Maison cassée, théâtre, Montréal, Alain Stanké, 1991.

Pour faire une longue histoire courte, entretiens avec Roger Lemelin, Montréal, Alain Stanké, 1991.

Sophie et Léon, théâtre, suivi de l'essai-journal *Seigneur Léon Tolstoï*, Montréal, Alain Stanké, 1992.

Gratien, Tit-Coq, Fridolin, Bousille et les autres, entretiens avec Gratien Gélinas, Montréal, Alain Stanké, 1993.

La Nuit de la grande citrouille, théâtre, Montréal, Alain Stanké, 1993.

Monsieur de Voltaire, essai, Montréal, Alain Stanké, 1994.

Les Carnets de l'écrivain Faust, essai, édition de luxe, Montréal, Alain Stanké, 1995.

Le Bonheur total, vaudecampagne, Montréal, Alain Stanké, 1995.

La Jument de la nuit, t. I : *Les Oncles jumeaux*, roman, Montréal, Alain Stanké, 1995.

Chroniques du pays malaisé 1970-1979, essais, Trois-Pistoles, Éditions Trois-Pistoles, 1996.

Deux sollicitudes, entretiens avec Margaret Atwood, Trois-Pistoles, Éditions Trois-Pistoles, 1996.

Écrits de jeunesse 1964-1969, essais, Trois-Pistoles, Éditions Trois-Pistoles, 1996.

L'Héritage, théâtre, Trois-Pistoles, Éditions Trois-Pistoles, 1996.

La Guerre des clochers, théâtre, Trois-Pistoles, Éditions Trois-Pistoles, 1997.

Pièces de résistance en quatre services, théâtre, avec Sylvain Rivière, Denys Leblond et Madeleine Gagnon, Trois-Pistoles, Éditions Trois-Pistoles, 1997.

Trois-Pistoles et les Basques. Le pays de mon père, album illustré, Trois-Pistoles, Éditions Trois-Pistoles, 1997.

Le Bas-Saint-Laurent. Les racines de Bouscotte, album illustré, Trois-Pistoles, Éditions Trois-Pistoles, 1998.

Beauté féroce, théâtre, Trois-Pistoles, Éditions Trois-Pistoles, 1998.

Les Contes québécois du grand-père forgeron à son petit-fils Bouscotte, Trois-Pistoles, Éditions Trois-Pistoles, 1998.

Québec ostinato, essai, Trois-Pistoles, Éditions Trois-Pistoles, coll. « Alternatives », 1998.

Un loup nommé Yves Thériault, essai, Trois-Pistoles, Éditions Trois-Pistoles, 1999.

Manuel de la petite littérature du Québec, essai, Trois-Pistoles, Éditions Trois-Pistoles, 1999.

ÉDITIONS TROIS-PISTOLES

Les œuvres complètes de Victor-Lévy Beaulieu
sont disponibles aux Éditions Trois-Pistoles.